发现价值

价值投资实战指南

王桂虎◎著

中国纺织出版社有限公司

内 容 提 要

价值投资理念深入人心，受到投资者的追捧。本书系统介绍了价值投资理论，通过定性、定量分析和行业案例，阐述了在实战中如何进行价值投资，同时介绍了有效的估值方法，给出价值投资的原则，并对我国未来经济的发展进行了展望。希望通过阅读本书，投资者可以掌握价值投资的理论和实战方法，成为市场中的大赢家！

图书在版编目（CIP）数据

发现价值：价值投资实战指南 / 王桂虎著 . -- 北京：中国纺织出版社有限公司，2025.2
　ISBN 978-7-5180-9055-6

　Ⅰ．①发… Ⅱ．①王… Ⅲ．①金融投资 – 中国 – 指南
Ⅳ．① F832.48-62

中国版本图书馆 CIP 数据核字（2021）第 214970 号

责任编辑：顾文卓　　责任校对：王蕙莹　　责任印制：储志伟

中国纺织出版社有限公司出版发行
地址：北京市朝阳区百子湾东里A407号楼　邮政编码：100124
销售电话：010—67004422　传真：010—87155801
http://www.c-textilep.com
中国纺织出版社天猫旗舰店
官方微博http://weibo.com/2119887771
河北延风印务有限公司印刷　各地新华书店经销
2025年2月第1版第1次印刷
开本：710×1000　1/16　印张：11.5
字数：150千字　定价：59.80元

凡购本书，如有缺页、倒页、脱页，由本社图书营销中心调换

前言 PREFACE

近年来，通过对巴菲特、彼得·林奇等投资大师理念与实践的系统学习，并且对我国股市 30 多年历史的回溯，我再次深刻地认识到：在资本市场中，只有极少数人能够长期稳定盈利，正所谓"真理掌握在少数人的手中"，而这些极少数人的行为方式一定是反常规的。同样，尽管价值投资理念已经深入人心，但是市场中真正执行价值投资的人很少，原因只有一个，就是巴菲特指出的"没有人愿意慢慢地变富"。

还记得在某大学执教时，有门课程叫《技术分析与操作技巧》，我执意将其改成了价值投资课程，讲授巴菲特、彼得·林奇等投资大师的投资理念。结果很多学生反映，老师你不讲技术分析啊？只有一小部分学生认真听讲，之后有两个学生对我说，我讲述的价值投资理念对他们产生了巨大的影响。

普通投资者更是如此。彼得·林奇在给投资者做演讲时，每次演讲完毕回答现场观众提问的时候，总会有人站起来问他看涨看跌未来股市行情。没有人会关心公司基本面，很多人只想知道牛市行情是否会持续下去，或者熊市是否已经露出狰狞的面目。

在现实中，散户实际上是市场中的弱势群体，尽管有些人在业余时间花费了很大的精力来学习技术分析、研究自己的交易系统，但是证券市场中付出和收获是不成正比的，多数人难免会成为任人宰割的"韭菜"。根据数据统计，股民大多数都是短线交易者，原因可能是股民赌性太重、缺乏耐心等，导致他们偏爱投机。可是，即便你短线操作成功的概率非常高，但是过于频繁的止盈止损也会让你身心俱疲、投资业绩波动很大，而只要市场出现一次"黑天鹅"事件，就会让你成为彻头彻尾的失败者。

其实散户的这些投机现象是可以理解的。2014年，巴菲特在致股东的信中曾经真诚地写道："在我年轻时，我在投资的世界四处游荡，尝试每一种投资方法。很多我读到的方式曾吸引我：我试着自己画图，用市场标记预测股价走势，也曾坐在交易大厅里盯着交易带，听评论员的评论。这些都很有趣，但是我始终被找不到归宿的感觉困扰。直到1949年我学习了格雷厄姆的价值投资思想，从此我的投资生涯完全改变。"股神巴菲特拥有超高的智慧，他在接受价值投资之前尚走了一段弯路，何况普通的散户投资者呢？

就我个人而言，其实也是如此。在刚接触证券市场时，我一开始也学习的是技术分析，主要原因是学习技术分析的门槛较低，各种技术分析理论很容易理解。但是后来接触了价值投资，就逐渐转变为坚定的价值投资者。事实上，做价值投资者还是有难度的，因为你需要深入研究行业、企业的基本面与发展趋势，这需要你深入调研、阅读上市公司年报等，颇费工夫和精力。段永平曾经说过："真正理解一门生意，其难度不亚于读一门本科课程。"

事实上，从数据统计看，价值投资是非常有效的。据统计，中国股市自创建以来，一些股票的涨幅已经超过了100倍，投资回报不可谓不丰厚，但是散户能在市场中长期盈利的却是凤毛麟角。而国内的多数公募基金经理大多秉承价值投资的理念，其中一些的确取得了良好的回报。

因此，散户如果想成为市场上长期的"大赢家"，就应该学会价值投资的理念与方法，理性地进行投资，伴随优质企业的业绩成长，分享中国宏观经济发展所带来的改革红利和成果。

希望本书可以帮你发现企业的价值、股票的价值，并且寻找到投资的"圣杯"！

王桂虎

目 录 CONTENTS

第一章 回归投资的本质

一、穿越投资的迷雾 / 002

二、价值投资的理论与实践 / 007

第二章 投资方法

一、定性分析：发现具有投资价值的企业 / 026

二、定量分析：看懂财务报表 / 033

第三章 股票估值的有效方法

一、估值的意义及常见指标 / 064

二、现金流贴现模型（DCF） / 070

的选择机会就小很多。判断一个行业的规模，可以看这个行业所服务的用户群，是大众用户还是某一类特殊用户群。同时可以看这个行业是否有地域限制，看这个行业的产值规模，一般有机构公布相关数据。

三、还原巴菲特购买中石油和比亚迪案例　/ 073

3. 看这个行业现在所处的发展阶段

第四章　价值投资实战案例

大部分的行业都会经历起步、成长、繁荣、稳定、衰落等几个发展阶段。很少有行业能够长久不衰。快速成长期和繁荣期是一个行业黄金时期。比如移动互联网目前处于成长期，PC互联网处于繁荣期和稳定期。现在如果要你选择从零开始进入这两个行业，你会选择前者，还是后者？

一、不同经济周期下市场和行业变化规律　/ 080

二、行业分析　/ 092

4. 看这个行业的上市公司股票走势及一些相关经济指标

股价是行业景气度的先行指标，上市公司的估值走势一定程度上反映了这个行业未来的景气度。这些相关数据和经济指标，可通过炒股软件、国家统计局官网等查找到。另外，某些行业可通过一些经济指标来反映行业的

第五章　投资中最重要的事

景气度，比如有色金属行业可通过美元指数走势来反映，发电量的变化一定程度上反映了制造业的景气程度，房屋销售情况数据可以反映出与之相关的

一、投资的第一原则是风险控制　/ 130

家居装饰、建材等行业的增长情况。

二、投资考验的是人性　/ 141

5. 从这个行业的龙头公司及行业顶尖人物的言论来分析

三、理性投资　/ 153

了解一个行业，要了解这个行业的龙头公司有哪些，有哪些关键人物。

四、投资忠告　/ 161

多关注他们的一些发言、演讲、微博及专栏的更新。因为他们在这个行业具备一定的话语权，他们的一些看法往往代表了这个行业的发展方向。比如电

第六章　未来中国经济的发展和价值投资

子商务，最重要的代表人物是马化腾、李彦宏、刘强东、雷军等几位企业家。他们的关注点就反映在他们的一些言论上，就是关于电商的未来发展方向。所以你会看到这几位领军人物，之前的很长一段时间都在谈移动互联网。

一、未来中国经济走势展望　/ 170

（三）选择细分行业的龙头

二、价值投资永不过时　/ 171

三、全面注册制下省心省力的价值投资　/ 174

从本质看，最终决定一只股票命运的还是每股收益的增加。人们可能会

间通常为 2～10 年。现代宏观经济学中，经济周期发生在实际 GDP 相对于潜在 GDP 上升（扩张）或下降（收缩或衰退）的时候。每一个经济周期都可以分为上升和下降两个阶段。上升阶段也称为繁荣，最高点称为顶峰。然而，顶峰也是经济由盛转衰的转折点，此后经济就进入下降阶段，即衰退。衰退严重则经济进入萧条，衰退的最低点称为谷底。当然，谷底也是经济由衰转盛的一个转折点，此后经济进入上升阶段。经济从一个顶峰到另一个顶峰，或者从一个谷底到另一个谷底，就是一次完整的经济周期。经济学关于经济周期的定义，建立在经济增长率变化的基础上，指的是增长率上升和下降的交替过程。

经济周期波动的上升阶段，是宏观经济环境和市场环境日益活跃的时段。这时，市场需求旺盛、订货饱满、商品畅销、生产趋升、资金周转灵活。企业的供、产、销和人、财、物都比较好安排，企业处于较为宽松有利的外部环境中。

经济周期波动的下降阶段，是宏观经济环境和市场环境日趋紧缩的时段。这时，市场需求疲软、订货不足、商品滞销、生产下降、资金周转不畅。企业在供、产、销和人、财、物方面都会遇到很多困难，企业处于较恶劣的外部环境中。

经济的衰退既有破坏作用，又有"自动调节"作用。在经济衰退中，一些企业破产、退出商海；一些企业亏损，陷入困境，寻求新的出路；一些企业顶住恶劣的气候，在逆境中站稳了脚跟，并求得新的生存和发展。这就是市场经济下"优胜劣汰"的企业生存法则。

自 19 世纪中叶以来，学者们在探索经济周期问题时，根据各自掌握的资料提出了不同长度和类型的经济周期。

1. 短周期（基钦周期）

1923 年英国经济学家基钦提出的一种为期 3～4 年的经济周期。基钦认为经济周期实际上有主要周期与次要周期 2 种。主要周期即中周期，次要周

一、穿越投资的迷雾

（一）什么是投资的正途？

回首中国股市 30 多年的历史，以及中国股市投资者呈现出"七亏二平一赢"的现象，让我们深刻地认识到，在证券市场中采取"随大流"的操作方式往往是"九死一生"。

目前，我国证券市场还存在政策法规以及交易制度等方面的不完善，市场中的散户太多也经常被人们所诟病。散户实际上是市场中的弱势群体，尽管有些人在业余时间花费了很大的精力来学习技术分析、研究自己的交易系统，但多数人还是会成为任人宰割的"韭菜"。

根据数据统计，在中国证券市场中真正能够长期挣到钱的人只有以下几种：第一种是长线的投资者，例如东北大妈在 2008 年花 5 万多元购买了长春高新，后来忘记了密码，13 年后销户时发现市值达到了 500 多万元，其炒股业绩超过了股神；第二种是与上市公司利益相关的内幕交易者，其中包括上市公司的董事、监事等高层管理人员、一些专门靠获取内幕消息为生存手段的机构等，这些人具备获取上市公司内幕消息的能力和渠道，很有可能在上市公司重组、并购等利好消息公布前潜伏进去，等利好消息公布、散户追涨时退出。这些内幕交易者虽然收获颇丰，但是随着监管力度的加大，他们的风险越来越高，而且在"穿透式监管"和大数据监控下，其伎俩越来越难实施。

相比之下，大多数股民散户都是短线交易者。可是，即便你短线操作成功的概率非常高，但是过于频繁的止盈止损也会让你身心俱疲、投资业绩波动很大，而只要市场出现一次"黑天鹅"事件，就会让你成为彻头彻尾的失败者。

那么，对于散户来说，究竟什么才是投资的本质和正途呢？作为在中国股市中摸爬滚打了十几年的股市老兵和资深科研人员，我忠心地告诉大家：要秉承和信奉价值投资、理性投资，这样你才可能成为市场中最终的"赢家"。根据数据统计，中国股市自创建到 2021 年，股指已经上涨了 30 多倍，一些企业质地良好的股票涨幅超过了 100 倍，但是散户能在市场中长期盈利的却少之又少。靠内幕交易获利的私募基金固然能够在短期内快速获利，但往往只是昙花一现，而且政策风险极大。同时，短线交易者往往也会付出很大的机会成本，因为需要你每天专注地盯盘，收盘后还要认真地复盘、分析、预测，这不仅会影响你的本职工作，还会影响你的社交、人脉关系，导致你的生活质量出现下降。

因此，散户如果想成为市场上长期的"大赢家"，就应该学会理性地进行价值投资，伴随优质企业的业绩成长，分享中国宏观经济发展所带来的红利。坚持价值投资，回归投资的本质，才能最终穿越投资的迷雾。

（二）长期主义是穿越周期的重要法宝

关于长期和短期之间的关系，《孙子兵法》曾经明确给出过结论："百战百胜不如一战而定！"在战争中，不要去想着百战百胜，而要一战而定。打来打去一直都获得胜利，但是却没有解决最终的问题，那也是白打。不但是白白浪费了战士的鲜血，而且还浪费了钱粮，而这也是作为将领最大的罪过之一。所以要学会看准了机会以后稳操胜券，一战而定，彻底解决最终的在投资中也是一样，频繁追求短线获利，百战百胜往往是很难成功的，不如"一战而定"的长期主义。股市上有这么一批人，总是爱追逐市场的热点，甚至每天计划着怎样去追涨停板，还自封为"涨停板敢死队"。对于有内幕消息或者用自己的资金去拉抬股价的主力来说，他们确实可以控制股票的价格走势，甚至会刻意做出股票的形态。但是对于处于信息完全不对称的劣势方散户来说，如果每天追逐涨停板的股票，那就和斗地主、打麻将等赌博游戏似乎没有什么区别"小赌怡情，大赌伤身。"如果经常用赌博的心态炒股，必然会为自己带来灭顶之灾。

为什么说经常追逐市场的热点，短线交易会失败呢？理由很简单，因为股市是一个非常残酷的战场，在这个战场中的参与者往往走不出"一赢二平七亏"的结局，因此大多数人都不可能在这个战场中挣到钱。事实上，在股市中，由于只有极少数人能够挣到钱，因此很多"一致性"的理念和方法都是错误的。比如说，新股民刚刚进入股市时，往往都会觉得以自己的聪明才智可以战胜股市，获取利润。因此，新股民在刚入市时通常都会喜欢研究技术分析，道氏理论、江恩理论、波浪理论都会拿来学习研究，但事实上，这些理论往往会变成主力拿来欺骗散户的一些套路。

华尔街曾发起过一个"大猩猩选股"的实验，其情形大致如下：有位学者曾经做过一个让大猩猩和一组专家进行炒股比赛的实验，专家们运用各种投资分析手段去选股，包括选什么股、何时买、何时卖等，无不经过了所谓"交易系统"的严格论证，相对来说，大猩猩的选股方法就简捷得多了，它随意地用飞镖投向一块写满股票代码的木板，只要投中哪只股票，就买哪只股票。照此思路操作，几年之后，大猩猩居然与专家们取得了不相上下的投资收益！

这件事情应该如何解释呢？有一个理论，叫作随机漫步理论（Random Walk Theory），大致意思是说短线股指的走势是随机的，它并不以某个人的意志为转移，因此绝大多数预测是徒劳的，没有丝毫意义。

随机漫步理论认为，证券价格的波动是随机的，像一个在广场上行走的人一样，价格的下一步将走向哪里，是没有规律的。证券市场中，价格的走向受到多方面因素的影响。一件不起眼的小事也可能对市场产生巨大的影响。从长时间的价格走势图上也可以看出，价格上下起伏的机会差不多是均等的。随机漫步理论指出，股票市场内有成千上万的精明人士，每一个人都懂得分析，而且资料流入市场都是公开的，所有人都可以知道，并无什么秘密可言。因此，股票现在的价格就已经反映了供求关系，或者离本身价值不会太远。所谓内在价值的衡量方法就是看每股资产值、市盈率、派息率等基本因素。这些因素亦非什么大秘密。现时股票的市价已经代表了千万精明人士的看法，构成了一个合理价位。市价会围绕着内在价值而上下波动，而这些波动却是随意的，没有任何规律可循。

为什么散户喜欢短线投机呢？巴菲特给出了答案，他说："因为没有人愿意慢慢地变富。"他多次警告人们不要相信各种的分析和预测，并且补充道："短期股市的预测是毒药，应该把它放在最安全的地方，远离股市中行为像孩童般幼稚的股民。"的确，当散户在给自己的投资设立期限时，有谁不是希望每天都能看到一个当天收益的具体数值，又有谁不是希望自己在短期能赚到足够多的钱？但其实，即使是股神巴菲特，99.8%的资产也是在他50岁后赚到的。

巴菲特的老师格雷厄姆也曾经说过："股市短期是投票器，长期是称重机。"格雷厄姆也认为价格的波动对真正的投资者只有一个意义，当股价大幅下跌后，提供给投资者买入的机会；当股价大幅上涨后，提供给投资者出手的机会。在其他时候，如果我们忘记股票市场而把注意力放在股息收入和公司的运作上，将会做得更好。投资成功与否应该用长期的收益或长期市场价格的增长来衡量。这就是格雷厄姆讲的"要盯住比赛，而不应该盯住记分牌"。

高瓴资本创始人张磊认为："于个人而言，长期主义是一种清醒，帮助人们建立理性的认知框架，不受短期诱惑和繁杂噪声的影响。于企业和企业家而言，长期主义是一种格局，帮助企业拒绝狭隘的零和游戏，在不断创新、不断创造价值的历程中，重塑企业的动态护城河。"

从各行各业的发展看，真正的高手都是长期主义者，因为他们具有清晰的认知和坚定的信念。那么，长期主义者的特征有哪些呢？

由于采用长期视角，长期主义者就像戴上了一副特殊的眼镜，看到的世界、做出的思考、采取的行动都会与短期主义者不同，甚至截然相反。五点最显著的特征：

（1）注重长期价值。长期主义者不太在乎短期得失，特别是当短期利益会伤害长期利益时。

（2）注重真实和诚信。桥水基金的创始人瑞·达利欧（Ray Dalio）在《原则》中强调：人要对自己真实，找到能够反映真实性格和价值观的原则，并依照这些原则做事；同时要言行一致，对人诚信，因为虚假行为终究会被人发现，从而失去自尊和他人的信任。知行合一，不仅可以指导自己的行为，还有助于他人理解你的原则，从而和你更有效地互动。

（3）注重学习和成长。长期主义者相信自身的成长会提升未来的价值，用于积极开放的学习心态，甚至不去计较学习的是不是"无用功"。

（4）注重理性分析、思考未来。不能深入思考未来，注意力始终放在周围正在发生的事情上，就会被困在永恒的当下。长期主义者极力避免这种状态，他们追求的是如何"活在未来"，即预见到未来会有怎样的结果，并提前按照未来正确的结果行动、选择、思考，从而使自己部分"活在未来"。思考当下和判断未来，不能建立在感性和知觉的基础上，而是要建立在理性、系统的分析和客观检验的基础上。从这个角度说，做长期主义者，靠的也不是信仰，而是在认真思考权衡价值观之后做出的理性选择，靠的是逻辑推理和计算。

（5）重视时间、拥有耐心。长期主义者明白，复利的威力会随着时间而不断放大，因此他们都非常重视时间，而且在需要时间积累的事情上拥有非凡的耐心。

具体到投资上，通过研究发现，对于业绩优良的"白马股"来说，由于它们的业绩基本上是逐年增加的，因此它们的股票价格走势在长期也应该是向上的。股票投资到最后拼的是人性，所以普通人要学习长期投资，多读书、多学习、研究确定发展的行业赛道，才是长期获利的不二道理。做一个长期主义者，在通过调研选择好优质的行业赛道和股票以后，剩下的就请安心交给时间。当然，"时间的玫瑰"也是带刺的玫瑰，能够耐得住寂寞才能成为市场的赢家！

二、价值投资的理论与实践

（一）巴菲特的投资秘诀

世界上各大股市赢家都偏好于长线投资，例如股神沃伦·巴菲特长年持有优质的股票，甚至对可口可乐、华盛顿邮报等业绩优良的股票终生持有。他们在股市中获得了极大的成功，取得了令人艳羡的业绩。巴菲特提出过不少好的投资建议，好好理解这些建议，投资者可以避开一些常见的陷阱，正是这些陷阱在损害回报率、危及财务目标。

下面列出了我认为最具价值的 8 条沃伦·巴菲特投资秘诀:

1. 找出杰出的公司

巴菲特的第一个投资秘诀是"找出杰出的公司"。这个秘诀是基于这样一个常识:即一个经营有方、管理者可以信赖的公司,它的内在价值一定会体现在股价上。巴菲特有一句名言:"时间是伟大事业的朋友,平庸事业的敌人。"那些在业务中获得高回报的公司有可能比回报较低的公司更快地实现利润的复合增长。因此,这些企业的内在价值会随着时间的推移而上升。

2. 坚守你投资的"能力圈"

犯一个本可以避免的错误的最简单的方法之一,就是参与过于复杂的投资。我们许多人的整个职业生涯都在为数不多的几个不同行业工作。我们可能对这些特定市场的运作方式以及这个领域中最好的公司都有相当深刻的理解。然而,绝大多数上市公司都参与了我们几乎没有或根本没有直接经验的行业。所以巴菲特常说:"永远不要投资你不懂的生意。"这并不意味着我们不能在这些市场领域投资,但我们应该谨慎行事,坚守你投资的"能力圈"。

3. 要做有耐心的长期主义者

巴菲特说:"如果你不想持有一只股票十年,那就连十分钟都别想拥有它。"巴菲特显然信奉买入并持有的心态。为什么?一方面,很难找到优秀的企业持续拥有光明的长期前景(巴菲特因此管理着一个集中的投资组合)。另一方面,高质量的企业可以获得高回报,并随着时间的推移而增值。基本面因素可能需要数年时间才能影响股票价格,只有耐心的投资者才能获得回报。同时,交易活动是投资回报的敌人,不断地买卖股票会受到税收和交易佣金等的侵蚀。相反,我们通常最好是"正确购买并按兵不动"。其实,巴菲特的这种做法正暗合《孙子兵法》的要义,即:百战百胜不如一战而定!

4. 要敢于重仓优质股票

巴菲特认为，当你坚信遇到了可望而不可即的大好机会时，唯一正确的做法是大举投资，而不是按照常人的思维，分散自己的资源以求保险。这是因为，当一个事情成功的可能性很大时，你投入越多，回报越大。

巴菲特在致股东的信中说："你会注意到，我们持有的主要股票相对较少。我们在长期的基础上选择这样的投资，权衡的因素与购买100%的经营业务所涉及的因素相同：①有利的长期经济特征；②经营有方、诚信经营；③以所有人的价值尺度衡量，购买价格具有吸引力；④我们熟悉的行业，我们有能力判断其长期业务特征。

很难找到符合这种标准的投资，这也是我们集中持股的原因之一。我们找不到一百种符合我们投资要求的证券。然而，我们觉得把我们的投资集中在少量我们认为有吸引力的股票上是很舒服的。"

同时，过度的多样化也意味着一个投资组合可能投资于一些平庸的企业，稀释了其高质量资产的影响。查理·芒格也认为："过度多样化的想法是疯狂的。因为多样化是对无知的一种保护，这对那些知道自己在做什么的人来说毫无意义。"

5. 大多数新闻是噪音，不是有效信息

二八法则声称，80%的结果可以归因于20%的原因。说到金融新闻，我们认为它更像是99/1规则——我们采取的99%的投资行动应该归功于我们消费的1%的金融新闻。事实上，大多数新闻标题和对话都是为了制造话题，激发我们的情绪去做某些事。巴菲特说就算格林斯潘和保尔森一左一右告诉他一年后经济政策，他也不会改变他的股票选择。

6. 简单、传统、容易

在别人的眼里，股市是个风险之地，但在巴菲特看来，股市没有风险。"我很重视确定性，如果你这样做了，风险因素对你就没有任何意义了。股市并不是不可捉摸的，人人都可以做一个理性的投资者。"巴菲特说："投资的

秘诀可以用六个字来概括，即：简单、传统、容易。"巴菲特还说："你不需要成为一名火箭科学家。投资不是智商160的人打败智商130的人的游戏。"投资者必须意识到，根本不存在一套神奇的规则、一个公式或一个"容易的按钮"可以产生跑赢市场的结果。

7. 稳中求胜

巴菲特这样告诫投资者："选择少数几种可以在长期产生高于平均效益的股票，将你大部分资本集中在这些股票上，不管股市短期跌升，坚持持股，稳中求胜。"这也是巴菲特的集中投资思想的体现。当然，巴菲特的这条投资秘诀不一定适合每一个投资者，但从长期看，却值得每一个投资者借鉴和思考。

8. 别人贪婪时恐惧，别人恐惧时贪婪

巴菲特是一个长期投资家，他的爱好就是寻找可靠的股票，把它尽可能便宜地买进，尽可能长久地保存，然后坐看它的价值一天天地增长。巴菲特认为，当股市猛涨的时候要保持距离，也就是他那句著名的格言："在别人贪婪时恐惧，在别人恐惧时贪婪。"

通过采纳巴菲特的一些投资建议——专注于更长期的投资、保持在我们的能力范围之内等，我们可以更好地管理我们的投资组合，避免一些代价高昂的错误，并不断地向实现我们的目标迈进。

（二）查理·芒格的投资智慧

沃伦·巴菲特是全球知名的投资大师，但在巴菲特显赫投资业绩的背后却有一位巨人——查理·芒格。查理·芒格是沃沦·巴菲特的黄金搭档，有"幕后智囊"和"最后的秘密武器"之称，这两位投资智者依靠他们的投资智慧和执行力创造了有史以来最优秀的投资纪录，从1978年查理·芒格入主伯克希尔，伯克希尔股票以年均24%的增速突飞猛进。巴菲特关于查理·芒格有两个极高的评价。第一，巴菲特说查理·芒格让他以火箭般的速度从猩猩进化到人类（I evolved from an orangutan to humans at an unusual rate）。第二，巴菲特说，芒格设计了今天的伯克希尔·哈撒韦，他给巴菲特一个重要的蓝图：用合理的价格投资一家优秀企业，比以便宜的价格买入一家普通企业的结果要好得多。巴菲特的大儿子也调侃他们："如果爸爸巴菲特是世界上第二聪明的人，那么第一聪明的人则是查理·芒格。"

下面列出了我认为最具价值的 8 条查理·芒格的投资智慧：

1. 不要预测股市涨跌

芒格从来不是股市、经济、选举、甚至天气方面的预测专家。媒体上说股市即将要发生什么，对他来说都是噪音。他只是想要以合理的价格买到好公司。他唯一能预测的是，在股市的疯狂和股价高涨之后，会出现严重的萧条和惨淡的股价。芒格不知道这些什么时候会发生，但是他知道，该来的总会来。芒格曾经说："预测从来不是我的强项，而且我也不依靠预测的准确来赚钱。我们往往只是买入好的公司，并一直持有。"

因为短线大盘走势由外围市场的变化和政策面上的各种传闻决定，而个股的短期走势除了受以上因素影响外，还会受到行业和公司内部的消息影响。任何预测都不会考虑到所有的因素，而细微的因素往往会造成剧烈的震荡。

2. 渴望一夜暴富是相对危险的

芒格认为，试图快速致富的想法是危险的，因为我们必须就股票或其他资产的短期价格走势进行赌博。而大部分资产价格的短期走势和长期价值无关，往往由突发事件引起的价格波动决定。还有一个问题，芒格认为快速致富就需要加杠杆，但是如果事与愿违，加杠杆也会带来巨大的财富破灭。

现实中，散户难免有一夜暴富的心理，恨不得自己的股票天天涨停板，于是整天满仓追涨杀跌，一轮牛市下来，往往亏损过半。所以投资者要回归理性，不要追求一夜暴富。

3. 要建立多学科思维模型

芒格说："大多数人习惯于在一个学科或者模型下思考问题，例如经济学。"这像一句老话形容的那样，"对于拿着大锤的人而言，世界就像一枚钉子"，这是非常不明智的方法。查理·芒格认为，投资者应该糅合来自各个传统学科的分析工具、方法公式，这些学科包括：历史、心理、生理、数学、工程、生物、物理、化学、统计、经济等。其理论基础是：几乎每个系统都受到多种因素的影响，所以若要理解这样的系统，就必须熟练地运用来自不同学科的多元思维方式。

4. 使用复杂的交易策略是愚蠢的

善于游泳的人才会被淹死。擅长游泳的人，往往会去深海区，这无疑让他们处于危险中。华尔街的博士们利用股市短期波动创造了许多复杂的交易策略和数学模型。芒格并不感兴趣，他认为长期可以带来超额收益的策略是极其简单的。付出大量时间研究交易策略，只有很少的回报，这显然是愚蠢的。

5. 过于分散化投资是疯狂的

如果以合理的价格投资于好的公司，那么即使将持有股票的种类减少到10种以下，依然能避免由意外引发的亏损，而且投资组合在未来10～20年还是能取得良好的增长。如果股票池只有10只股票，我们可以更好地盯紧它们。

6. 要有足够的耐心

你必须要非常耐心，你必须要等待，直到你看到了值得自己付出的价格。

芒格是一个极其重视耐心的人，对于人来说，什么都不做是最难的。人性上，大家都喜欢自己很忙，感觉在做很多事情才有效率。大多数人没有耐心，失去了成功投资的机会。芒格的做法是违背人性的。大多数人没办法等五年，芒格可以。大多数人每天都在频繁交易，但是他们的收益率都不如长期等待的芒格。

7. 要忽略股票的波动，尤其是优质股票的大跌

芒格认为，如果你没有准备好在投资生涯中经历两到三次50%的跌幅，

如果你无法平静面对这种波动，那么你并不适合做一名投资者，你也很难得到超越平庸的结果。即使是伯克希尔·哈撒韦，在其历史上也经历了好几次组合 50% 的跌幅。如果在每一次恐慌中芒格都卖出了自己的股票，那么今天他根本就不会成为一名伟大的投资者。芒格认为，长期持有股票必将在某些时间段经历股价大幅下跌的情况。

8. 避免羊群效应

跟随羊群只会让你更接近平均收益。芒格告诉我们，在投资中随大流，那么只能获得平均的回报。在股市中，由于散户大多具有相同的思维，因此经常会出现"羊群效应"和"从众心理"。例如在市场火热的时候，大家一窝蜂地都去买股票，且大多认为市场还会继续上涨；相反，在股市下跌的时候，却集体杀跌出局，甚至对于股票连提都不敢再提。如果你的思路和散户思维一致，那么你就很难挣到钱，因此只有和散户的思维不一致甚至是完全相反时，才会有获胜的可能。

（三）彼得·林奇的成功投资

彼得·林奇是全球基金业历史上的传奇人物。由他执掌的麦哲伦基金 13 年间资产增长 27 倍，创造了共同基金历史上的财富神话。他对共同基金的贡献就像乔丹对篮球的贡献，其共同之处在于把事业变成了一种艺术，把事业提升到一个新的境界。在最为著名的 13 年间，彼得·林奇管理的麦哲伦基金的平均复利报酬率达 29%，麦哲伦基金的管理资产由 2000 万美元成长至 140 亿美元，基金投资人超过 100 万人，成为全球最大也最赚钱的共同基金。也是这 13 年，奠定了彼得·林奇作为华尔街最伟大投资者的地位。

彼得·林奇的成功投资经验主要有以下几条：

1. 重点选择的股票

彼得·林奇重点选择的股票有以下特征：

①有个傻名字；②公司业务乏味；③公司业务令人厌烦；④本身是有庇

护的独立子公司；⑤乏人关注；⑥充满谣言的公司；⑦大家不想关注的行业；⑧零增长的行业；⑨具有利基的企业；⑩提供消耗性大的消费品；⑪直接受惠于高技术产品；⑫连其雇员也购买的股票；⑬会回购自己股份的公司；⑭主营业务单一的公司。

2. 重点回避的股票

令彼得·林奇退避三舍的公司：

①当前炒作的热门股；②龙头企业二世；③不务正业的公司；④突然人气急升的股票；⑤欠缺议价力的供应商；⑥名字古怪的公司。

3. 从不相信谁能预测市场

没有人能够预测利率、经济形势及股票市场的走向，不要去搞这些预测。集中精力了解你所投资的公司情况。彼得·林奇说道："投资者并不需要具备预测市场的能力照样可以在股市上赚钱，如果不是这样的话，那么我就应该一分钱也赚不到。在几次最严重的股市大跌期间，我只能坐在股票行情机前面呆呆地看着我的股票也跟着大跌。尽管我管理的基金业绩与股价表现紧密相关，我也并没有事先预测出这几次股市大跌的发生。1987年夏天，我没有向任何人，至少是没有向我自己，发出股市即将暴跌1000点的警告。"

4. 关于市场预测的"鸡尾酒会"理论

在国外经常举办的鸡尾酒聚会上，不同职业不同阶层的人们彼此相识、聊天。林奇从参加鸡尾酒会的经历中总结出了判断股市走势的四个阶段：

第一阶段：林奇在介绍自己是基金经理时，人们只与他碰杯致意，就漠不关心地走开了。而更多的是围绕在牙医周围，询问自己的牙疼病，或者宁愿谈论明星的绯闻，也没有一个人会谈论股票。林奇认为，当人们宁愿谈论牙病也不谈论股票时，股市应该已经探底，不会再有大的下跌空间。

第二阶段：林奇在介绍自己是基金经理时，人们会简短地与他聊上几句股票，抱怨一下股市的低迷，接着还是走开了，继续关心自己的牙病和明星的绯闻。林奇认为，当人们只愿意闲聊两句股票而还是更关心自己的牙齿时，股市即将开始抄底反弹。

第三阶段：人们在得知林奇是基金经理时，纷纷围过来询问该买哪一只股票，哪只股票能赚钱，股市走势将会如何，而再没有人关心明星绯闻或者牙齿。林奇认为，当人们都来询问基金经理买哪只股票好时，股市应该已经到达阶段性高点。

第四阶段：人们在酒会上大谈特谈股票，并且很多人都主动向林奇介绍股票，告诉他去买哪只股票，哪只股票会涨。林奇认为，当人们不再询问该买哪只股票，而是反而主动告诉基金经理买哪只股票好时，股市很可能已经到达高点，大盘即将开始下跌震荡。

5. 不要问未来股市会如何

市场应该是与投资无关的。彼得·林奇说："我希望自己能够预测股市走势和预测经济衰退，但这是根本不可能的，因此我也满足于能够像巴菲特那样寻找到具有盈利能力的好公司。即使在非常糟糕的熊市行情中我也照样赚到了钱，当然在非常强劲的大牛市行情中我也赔过钱。"巴菲特也认同这一观点："股票市场根本不在我所关心的范围之内。股票市场的存在只不过是提供一个参考，看看是不是有人报出错误的买卖价格做傻事。"

6. 不要担心股市大跌

彼得·林奇认为，股市的下跌如科罗拉多州1月份的暴风雪一样是正常现象，如果你有所准备，它就不会伤害你。每次下跌都是大好机会，你可以挑选被风暴吓走的投资者所放弃的廉价股票。彼得·林奇曾经说过："投资者最大的错误之一，就是在股票和基金里杀进杀出，指望避开调整。还有一种错误就是手上拿着一大笔钱迟迟不入场，而是期待下一个调整来临时来捡便宜货。在试图通过选时间来躲开熊市的同时，人们往往也错过了与牛市共舞的机会。"

7. 公司的类型

市场上的公司可以分为以下六种：缓慢增长型、稳定增长型、快速增长型、周期型、资产隐蔽型和逆境反转型，其中快速增长型是最容易出现十倍甚至百倍股票的公司。快速增长型公司并不一定属于快速增长型行业的公司，也有可能是在夕阳行业中脱颖而出的小公司，这更能得到彼得·林奇的钟爱。在投资快速增长性公司时，一要看公司未来增长空间和时间有多少，二要看公司资产负债表是否足够健康稳健。

8. 业余投资者的优势与专业投资者的劣势

业余的投资者（即散户）其实有着天然的优势，而专业机构有着它的劣势。因为业余的投资者，不需要像专业投资机构一样，从一长串所谓的公认的好股票名单里面去挑选股票，也没有每年固定业绩排名考核的压力，更不需要为了避免犯错而从众买入大公司蓝筹股。业余投资者的资金不占优势反而可以让业余投资者买入小而美的股票，如果你的眼光够好的话，那么抓住一个 10 倍牛股也并不稀奇。而且对于刚刚从困境中解脱出来的股票，那些传统的基金经理人一般都不敢买入，而深思熟虑的业余投资者则没有这样的顾忌。因此散户在做投资的时候，应该树立自己的信心。

（四）费舍如何选择成长股

菲利普·费舍（Philip A.Fisher）是现代投资理论的开路先锋之一，成长股投资策略之父，教父级的投资大师，华尔街极受尊重和推崇的投资家之一。《怎样选择成长股》是菲利普·费舍写的一本经典的书，对巴菲特的影响极大，由此菲利普·费舍也成为巴菲特的两位导师之一。巴菲特曾经说过："我是 85% 的格雷厄姆加上 15% 的费舍"。主教练格雷厄姆教了他安全，而副教练费舍给了他速度。菲利普·费舍是最伟大的成长股投资人，他曾经持有食品机械股票 24 年赚了 13 倍，持有摩托罗拉股票 25 年赚了 30 倍，持有德州仪器股票 10 年赚了 30 倍。

菲利普·费舍选择成长股的经验主要有以下几条：

1.投资想赚大钱必须有耐心

费舍通过研究自己和他人的长期投资记录后认为，投资想赚大钱，必须要有耐心。换句话说，预测股价会达到什么水准，往往比预测多久才会达到那种水准容易。而另一件重要的事就是股票市场本质上具有欺骗投资人的特性，跟随其他人当时在做的事去做，或者自己内心不可抗拒的呐喊去做，事后往往证明是错的。

2.短期股票价格波动难以预测

只要认定公司未来仍能成长，并值得投资，那么就不应该在多头获利的市场卖出股票。他说：我宁可抱牢这些股票不放，因为增值潜力雄厚的公司很难找，如能了解和运用良好的基本原则，相信真正出色的公司和平凡的公司一定会有差异，而且准确度可能高达90%。相反，预测股票未来6个月的表现，则困难得多。股票短期走势和短期的经济环境、行业情况、公司短期业绩，还有华尔街对公司的看法，以及众多投资者心理变化等有关。这样的分析预测成功概率不可能超过60%，这还是很乐观的预计。因此，短期价格波动本质上难以捉摸，不可预测，抢进抢出的游戏不可能像长期抱牢正确股票那样一再获得长期利润。

3.寻找具有"竞争壁垒"的企业

费舍指出具有竞争壁垒的公司能以低于业界水平的价格供给（或服务）广大普通客户，广大客户信赖公司和公司产品服务，他们更换公司产品的代价更高、意愿更低，低成本和高效率运作保证了公司长时间能维持略高出业界水平的利润率。费舍这些观点，无疑是与巴菲特口中所说的特许经营权（或林奇口中的利基）相一致的。巴菲特投资的企业大多维持了较高的股东权益回报率，且长达几十年的时间保持住了这样高效的回报。他投资的企业ROE最低也超过15%，例如可口可乐曾维持50%的ROE水平。

4."锚定定理"是危险的

费舍描述了类似今天所谓的"锚定定理"，即：市场总是容易将一个长时期维持的股价认为是那只股票的"真实价值"，并且根深蒂固，习以为常。一旦跌破或者突破该价位，市场各类投资人就会蜂拥而出。而这样的力量是投资领域最危险也是最微妙的，连最老练的投资者都必须时时防范。

5. 要有逆向投资的思维

光有反向意见还不够，背离一般投资思想潮流时，你必须非常肯定你自己是对的。有时候背离潮流投资者也会输得很惨。但如果有强烈迹象，显示自己转对方向时，往往会获得庞大的利润。根据数据统计，股市赢家都是逆向思维，他们操作的思路和行为几乎和散户恰恰相反。学会了逆向思维，无论在牛市、熊市，还是在震荡市中，挣钱的概率都会大大增加，可以说逆向思维是股市中获胜的一把利刃。

6. 买入和卖出股票的时机

应当集中全力买进那些失宠的公司。也就是说，由于整体市况或当时市场误判一家公司的真正价值，使得股价远低于真正价值时，则应该断然买进。抱牢股票，直到公司性质发生根本变化，或者公司成长到不再能够高于整体经济。除了这两个因素外，除非有非常确凿的证据，否则绝不轻易卖出。

7. 要集中投资

真正出色的公司，数量相当少，往往也难以以低廉价格买到。因此，在某些特殊的时期，当有利的价格出现时，应充分掌握时机，资金集中在最有利的机会上。买入那些创业或小型公司，必须小心地进行分散化投资。花费数年时间，慢慢集中投资在少数几家公司上。

8. 应当努力工作和诚实正直

投资也难免需要些运气，但长期而言，好运和坏运会相互抵消掉。想要持续成功，必须依靠技能和继续运用良好的原则。相信，未来主要属于那些能够自律且肯付出心血的人。因此，投资和人类其他大部分工作一样，想要成功，必须努力工作、勤奋不懈、诚实正直。

（五）李录的投资建议

巴菲特经由李录推荐买了比亚迪，大赚了几十倍；查理·芒格则说自己活了95岁，这辈子把家族财产交给外人管理仅有李录一例，"比李录更出色的人寥寥无几"。李录是位学者式人物，身怀百科全书式的学问和洞见。

李录的投资经验主要有以下几条：

1. 建立自己的能力圈

从简单的做起，真正地去懂一家非常简单的企业，从小的、简单的生意做起，按照自己的兴趣指引你去研究越来越复杂的企业，这个时候知识就一点一点建立起来了，而且是诚实地建立起来了。你发展出的能力圈，和你最好的朋友是不一样的，和其他所有人也都不一样。你的能力圈越独特，你抓到的机会也越多，在其他人形成共识的时候，你会有非常独特的、不同的看法。当这种不同的看法表现出独特的商业机会的时候，恰恰是你真正出彩的时候。任何一个简单的企业都是不太容易的。当你发现有些人在不容易的行业里做得比别人更好，这时候你就能明白竞争的优势是什么，是从哪里来的。

2. 发现人性的弱点

市场的存在，就是专门去发现人性的弱点。当你过高估计自己的能力，然后又正好在市场里变得运气非常好的时候，比如突然之间赢了一下，这是最可怕的一件事。你会很容易进入一种恶性循环，到最后这个市场一定会把你打败。市场非常残酷也非常真实。作为一个投资人，不经历过几次净值跌50%，生涯都不完整。而且大崩溃往往会创造出一些投资的机会。最终你会发现一生中赚的最多的钱都是从这里面出现的，但是当时你并不知道。看待世界原来是什么样就是什么样，而不是按照你希望的方法来看待这个世界。

3. 投资要有安全边际

安全边际非常重要，要在考虑到各种各样，甚至于几率非常小的事情出现的时候，你的投资仍然能够得到安全的保障，这才是比较可靠的投资。包括瘟疫、大的经济危机，甚至于战争，都应该在你的考虑范围之内。购买的时候，需要一个比较大的安全边际。一旦买入之后，你对公司的理解会变得越来越深刻。这个时候价值和价格的计算会发生一些变化，另外你对未来的预测能力也会发生一定的变化，这个时候你能忍受的价格范围应该更加宽裕。

如果一家公司本身具有很强的护城河，有非常优秀的可持续的盈利能力，在竞争中处在优势的地位，那么一般来说它的好的方面会自我保护。不需要你想得那么清楚，也不需要去做什么准备。所以真为了未来做准备，是做坏的准备，好的事情不需要准备，接受就可以了。

4. 建立多元化的研究方法

价值投资本身并不一定要去投资某种具体行业，比如消费、金融或者科技，没有这样的区分。价值投资是一种思维方式，是一套行为准则，是一套预测的方法，和投资什么样的行业没有关系。研究方法有很多，卖方的研究报告也可以看，因为有一些数据，也会去做出比较客观的回答。但是你得认真、理性地分析，带着批判的眼光，用比较客观的方式，判断哪些是可以学习的，哪些事实能够得出哪些结论。一定要用逻辑来推动，而不是用想象和你的希望来做中间的嫁接。为什么要投资这个公司，如果你能够找到这个世界上最聪明、比你聪明很多倍且持相反意见的人，你能够和他争辩，而且比他的争辩更有力，关于这个问题所有能够想到的你都想到了，你就可以做决定了。这是一种每个人不同的特质，如果你不是那么喜欢批评自己，你可能需要在你的投资中找到一个这样的伙伴。

5. 长期学习和积累

一个优秀的投资人，一定是一个优秀的企业家，他要对整个企业的运行具有非常强烈的兴趣。要对商业本身有一种固有的、天然的、发自内心的好奇心、兴趣，让兴趣来引导自己投资，不是说为了投资去做研究。即便你找不到更多问题了，还是有可能存在盲点。所以价值投资是一个长期积累的过程，没有捷径。成为优秀的投资人需要很长时间，要求也比较苛刻。所以长期的学习、长期的积累非常重要。了解一家公司是一个长期的事，不是短短的几天、几个礼拜、几个月，它常常是以年为单位，有的甚至要有10年以上的研究，你才能够有点发言权。所以如果你真的研究透了，你就敢下注。

6. 树立良好的品性

必须非常诚实，不要欺骗自己，因为骗自己是最容易的。真正的价值投资人是一个诚实的人，他会很清楚地告诉你周期是没有办法预测的，他也不会去预测。你一旦进入到周期预测的时候，你会发现还有短周期、中周期、长周期，从几年的周期又变成了几个小时的周期。开始进入这种思维的时候，你就已经不是一个价值投资人了。

7. 建立长期和逆向投资的思维

价值投资并没有很高的认可度，真正坚持的其实一直都是小众。当你发现这个市场上所有人都说自己是价值投资人的时候，他们的理解肯定出了问题。在短期，市场是一个投票机，长期是一个称重机。短期怎么估值，对价值投资人影响不大。对他们来说，短期的更多是机会，如果你特别看重短期的表现，那显然你不是一个价值投资者。作为一个价值投资人，市场的存在是为你服务的，而不是指导你什么样才是正确的。

8. 看好中国企业的发展

在有鱼的地方钓鱼，在一个机会很多的地方投资。中国的机会是全方位的机会，关键要抓住自己懂的机会。不在于了解的有多少，也不在于总的机会有多少，关键是在懂的这个范围之内抓住自己的机会。这对投资人来说是最重要的。人本性上都差不多，别的地方需要的，中国人也需要，只是我们因为经济水平可能还没有达到相同的水准。我们内需相对于发达国家欠缺的地方，肯定就是我们长期增长的比较确定的方向。对自己的文化要有足够的信心。中国的文化非常适合现代化的市场经济。中国古典文化里的以道德作为修身立命的根本，这些只会让你的商业做得更好更快。所以这在于你是追求短期成功还是可持续的成功。

（六）张磊的价值思考

张磊是高瓴资本创始人兼首席执行官，目前高瓴资本已经成为亚洲地区资产管理规模最大的投资机构之一，它支持和参与了一批伟大企业的诞生和成长。人们沟通用的微信、购物用的京东、订餐用的美团、让生活更舒适的格力……这些身后都有一个睿智的身影——高瓴资本。大约15年的时间，高瓴资本的资产管理规模快速增长，从创立之初的2000万美元发展到目前的超过5000亿元人民币。

张磊对价值的思考主要有以下几条：

1. 总体投资哲学

高瓴的投资哲学在很多方面同样适用于教育和人生选择。第一是"守正用奇"，即是要在坚守"正道"的基础上激发创新；第二是"弱水三千，但取一瓢"，就是要一个人在有限的天赋里做好自己最擅长的那一部分；第三是"桃李不言，下自成蹊"，是指只要好好做自己的事，成功自会找上门来。

在投资方面，张磊喜欢"想干大事"的企业家；在教育方面，他喜欢与具有伟大格局观的企业家共同发现人才，培养人才，他最大的乐趣就是帮助杰出的人实现更大梦想。

2. 发现价值和创造价值

"价值投资"可分为两个阶段，第一阶段是发现价值，第二阶段是创造价值。同样，教育也是，发现自身的天赋和价值，构建并利用自己的独特去创造新的价值，在"价值投资"的过程中造就自身的成功。不要问学校给你什么价值，而要问你自己能多创造出来什么价值。这里的创造价值其实就是一个不断动态打造自己的过程。

人生很重要的一件事，是找一帮你喜欢的、真正靠谱的人，一起做有意思的事。珍惜你身边的人，因为你不知道什么时候会说再见。在人生的道路上，选择与谁同行，比要去的远方更重要。

3. 同理心、好奇心与诚实

同理心（empathy）很重要。经历得更多之后，你变化最大的是能更加理解这个世界与社会的复杂与多样性，更加宽容了。这意味着你能更容易地站在别人的角度谅解别人，欣赏别人，考虑别人的问题。

始终保持好奇心（intellectual curiosity）对青年人来说非常重要。世界永恒不变的只有变化本身，变化催生创新，所以我们应着眼于变化。只有始终保持着好奇心，不断地迎接、拥抱创新，才能形成一种善意的价值创造，形成让蛋糕更大、开放共赢的局面。

真正的诚实（intellectual honesty），是从来不要去骗别人，也不要骗自己。虽然有时候，也许有人不靠诚实也能成功，但这种成功第一是不持久，第二是最后会搬起砖头砸到自己的脚。

一个人同时拥有好奇心、思考的独立性、诚实与同理心，并且有长期奋斗的心态，剩下的只是运气和大数法则的问题。一遍一遍做你有激情的事，并且喜欢一遍一遍地做，成功只是时间问题。

4. 做时间的朋友

张磊希望大家选择做时间的朋友。做时间的朋友，需要极强的自我约束力和发自内心的责任感。在多数人都醉心于"即时满足"（instant gratification）的世界里，懂得"滞后满足"（delayed gratification）道理的人，早已先胜一筹。这可以称为选择延期享受成功。有句话叫"风物长宜放眼量"，就是让我们从远处、大处着眼，要看未来，看全局。坚持自己内心的选择，不骄不躁，好故事都源自有挑战的生活；持之以恒，时间终将会成为你的朋友。

5. 要有匠人和运动员精神

把事情做到极致，就是现在大家所讲的匠人精神。青年企业家、青年创业家要立刻做到惊天地泣鬼神是不可能的，更多的是抓住机会锻炼自己。再小的事情也要做到极致、做到最好。大环境改变不了，争取营造小环境；小环境改变多了，就会改变大环境。同时，还应该多发扬运动员精神。运动带来的好处不仅是身体方面的，还有团队合作、竞争以及如何面对失败等诸多方面。只要玩竞技类运动就会有失败，不可能一直赢。

6.自由思考是非常必要的

跨行业、跨界、跨专业的自由思考是非常必要的。新的产业时代最根本的还是需要依靠科学技术来驱动，需要真正的科学上的创新，尤其是基础科学、硬科学。因此，在这样的环境下，人才也需要多方面的知识储备，仅有商业管理或是金融经济方面的知识是不够的。

率是衡量一家上市公司成长能力和速度的重要指标。传统型公司的营业收入增长率在10%以上，科技型公司的营业收入增长率一般在30%以上。

3.毛利率

毛利率是毛利与销售收入（或营业收入）的百分比，其中毛利是营业收入和与收入相对应的营业成本之间的差额。用公式表示：

毛利率＝毛利/营业收入×100%＝（主营业务收入－主营业务成本）/主营业务收入×100%

从构成上看，毛利是营业收入与营业成本的差，但实际上这种理解将毛利率的概念本末倒置了。其实，毛利率反映的是一种产品经过生产转换内部系统以后增值的那一部分。也就是说，增值的越多毛利自然就越多。比如产品通过研发的差异性设计，对比竞争对手增加了一些功能，而边际价格的增加又为正值，这时毛利也就增加了。

毛利率基本代表了公司的产品档次和行业地位。毛利率越高的公司护城河越宽厚，也更值得买入。打一个比方，如果行业内发生价格战，那么最终一般都是毛利率较高的公司成为赢家。

计算毛利率的毛利额和收入额通常指的是指按某种方式划分的一定期间的毛利额和收入额，与某种划分方式和一定的期间相对应。在计算毛利率时，收入和成本的计算口径与会计上的计算口径一致。对于工商企业，收入指的是不含增值销项税额的收入。对于建造施工企业，收入为含税收入。特别注意的是，商业企业一般纳税人，成本是按不含进项税额的单价计算确定的。对于工商企业，毛利额的大小，取决于两个因素，一个是数量因素，即销售数量的多少，另一个是质量因素，即单位毛利的大小。

通常而言，毛利率的大小取决于以下因素：

（1）市场竞争。所谓物以稀为贵，如果市场上没有这类产品，或这类产品很少，或这类产品相比市场上的同类产品，其质量、功能价值要占有优势，那么产品的价格自然是采用高价策略，反之如果是经营普通产品或夕阳

一、定性分析：发现具有投资价值的企业

（一）轮回的经济周期

经济周期也称商业周期、景气循环，经济周期一般是指经济活动沿着经济发展的总体趋势所经历的有规律的扩张和收缩，是国民总产出、总收入和总就业的波动，是国民收入或总体经济活动扩张与紧缩的交替或周期性波动变化。人们通常把它分为复苏、繁荣、衰退和萧条四个阶段（见图2-1）。

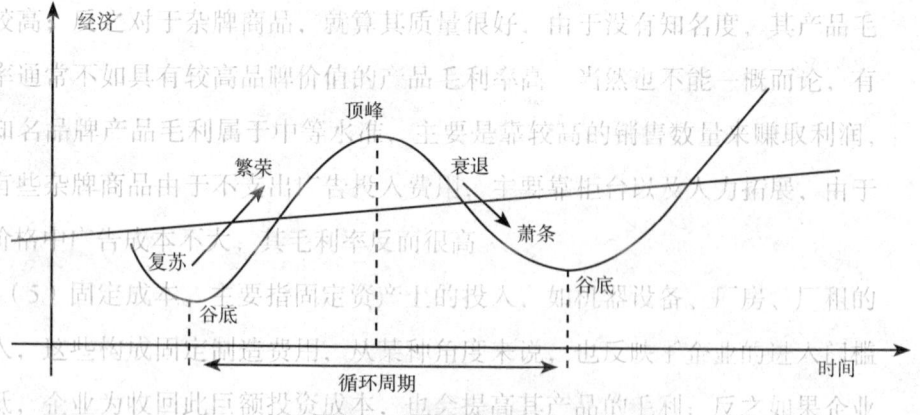

图2-1 经济周期的四个阶段

经济波动以经济中的许多成分普遍而同期地扩张和收缩为特征，持续时

间通常为 2 ～ 10 年。现代宏观经济学中，经济周期发生在实际 GDP 相对于潜在 GDP 上升（扩张）或下降（收缩或衰退）的时候。每一个经济周期都可以分为上升和下降两个阶段。上升阶段也称为繁荣，最高点称为顶峰。然而，顶峰也是经济由盛转衰的转折点，此后经济就进入下降阶段，即衰退。衰退严重则经济进入萧条，衰退的最低点称为谷底。当然，谷底也是经济由衰转盛的一个转折点，此后经济进入上升阶段。经济从一个顶峰到另一个顶峰，或者从一个谷底到另一个谷底，就是一次完整的经济周期。现代经济学关于经济周期的定义，建立在经济增长率变化的基础上，指的是增长率上升和下降的交替过程。

经济周期波动的上升阶段，是宏观经济环境和市场环境日益活跃的时段。这时，市场需求旺盛、订货饱满、商品畅销、生产趋升、资金周转灵活。企业的供、产、销和人、财、物都比较好安排，企业处于较为宽松有利的外部环境中。

经济周期波动的下降阶段，是宏观经济环境和市场环境日趋紧缩的时段。这时，市场需求疲软、订货不足、商品滞销、生产下降、资金周转不畅。企业在供、产、销和人、财、物方面都会遇到很多困难，企业处于较恶劣的外部环境中。

经济的衰退既有破坏作用，又有"自动调节"作用。在经济衰退中，一些企业破产，退出商海；一些企业亏损，陷入困境，寻求新的出路；一些企业顶住恶劣的气候，在逆境中站稳了脚跟，并求得新的生存和发展。这就是市场经济下"优胜劣汰"的企业生存法则。

自 19 世纪中叶以来，学者们在探索经济周期问题时，根据各自掌握的资料提出了不同长度和类型的经济周期。

1. 短周期（基钦周期）

1923 年英国经济学家基钦提出的一种为期 3 ～ 4 年的经济周期。基钦认为经济周期实际上有主要周期与次要周期 2 种。主要周期即中周期，次要周期为 3 ~ 4 年一次的短周期。这种短周期就称基钦周期。

2. 中周期（朱格拉周期）

1860 年法国经济学家朱格拉提出的一种为期 9 ~ 10 年的经济周期。该周期是以国民收入、失业率和大多数经济部门的生产、利润和价格的波动为标志加以划分的。

3. 长周期（康德拉季耶夫周期）

1926 年俄国经济学家康德拉季耶夫提出的一种为期 50 ~ 60 年的经济周期。该周期理论认为，从 18 世纪末期以后，经历了三个长周期。第一个长周期为 1789 ~ 1849 年，上升部分为 25 年，下降部分 35 年，共 60 年。第二个长周期为 1849 ~ 1896 年，上升部分为 24 年，下降部分为 23 年，共 47 年。第三个长周期从 1896 年起，上升部分为 24 年，1920 年以后进入下降期。

4. 建筑周期（库兹涅茨周期）

1930 年美国经济学家库涅茨提出的一种为期 15 ~ 25 年，平均长度为 20 年左右的经济周期。由于该周期主要是以建筑业的兴旺和衰落这一周期性波动现象为标志加以划分的，所以也被称为"建筑周期"。

5. 综合周期（熊彼特周期）

1936 年，熊彼特以他的"创新理论"为基础，对各种周期理论进行了综合分析后提出的。熊彼特认为，每一个长周期包括 6 个中周期，每一个中周期包括 3 个短周期。短周期约为 40 个月，中周期约为 9 ~ 10 年，长周期为 48 ~ 60 年。他以重大的创新为标志，划分了三个长周期。第一个长周期从 18 世纪 80 年代到 1842 年，是"产业革命时期"；第二个长周期为 1842 ~ 1897 年，是"蒸汽和钢铁时期"；第三个长周期从 1897 年以后，是"电气、化学和汽车时期"。在每个长周期中仍有中等创新所引起的波动，这就形成若干个中周期。在每个中周期中还有小创新所引起的波动，形成若干个短周期。

综合而言，尽管人们对经济周期的分类有以上多种，但是它与大宗商品、期货、周期性股票等的关系较为密切，有兴趣的读者可以深入研究一下。

（二）如何发现快速增长的行业

根据彼得·林奇和费舍的观点，10倍大牛股最有可能出现在快速增长的行业中。彼得·林奇曾经说过，"快速增长型公司是我最喜欢的股票类型之一：规模小、新成立不久、成长性强、年平均增长率为20%～25%。如果你能够明智地选择，你就会从中发现能够上涨10～40倍甚至200倍的大牛股。对于规模小的投资组合，你只需寻找到一两只这类股票就可以大幅度提高你的投资组合的整体业绩水平。"

那么，怎么才可以发现快速增长的行业呢？

最常见的方法是展开调查研究。彼得·林奇认为，寻找10倍股的最佳地方就是从你家附近开始：在那里找不到，就到大型购物中心去找，特别是到工作的地方去找。

具体而言，对一个行业的分析包括以下几点：

1. 从国家政策大方向、战略方向去分析一个行业的前景

分析一个行业，首先就要看国家的政策大方向，这个行业所处的大环境。比如，在十九大报告中，中央做了深化开展改革的重大决策，重点发展战略性新兴产业及航天军工，所以与改革密切相关的一些战略新兴产业将长期受益，发展前景广阔，比如绿色能源、节能环保、环境治理、5G、智能设备、航天军工等相关产业。在我国，很多行业都是靠政策去推动的，所以我们看一个行业，一定不会抛开这个行业所处的政策环境。具体分析方法：多关注国家发改委官网、国家产业政策网站、人民网、各财经网站，了解国家的一些产业政策。

2. 看这个行业的规模

关注一个行业，也要思考这个行业的规模。行业圈子越大（比如服装、医药），意味着这个行业可以无限深入扩张，你的选择机会就越大，在这个行业有更多的发展机会。行业越小，一旦你离开某个公司，或者某个地区，你

的选择机会就小很多。判断一个行业的规模，可以看这个行业所服务的用户群，是大众用户还是某一类特殊用户群，同时可以看这个行业是否有地域限制，看这个行业的产值规模，一般有机构公布相关数据。

3. 看这个行业现在所处的发展阶段

大部分的行业都会经历起步、成长、繁荣、稳定、衰落等几个发展阶段。很少有行业能够长久不衰。快速成长期和繁荣期是一个行业黄金时期。比如移动互联网目前处于成长期，PC互联网处于繁荣期和稳定期。现在如果要你选择从零开始进入这两个行业，你会选择前者，还是后者？

4. 看这个行业的上市公司股票走势及一些相关经济指标

股价是行业景气度的先行指标，上市公司的估价走势一定程度上反映了这个行业未来的景气度。这些相关的数据和经济指标，可通过炒股软件、国家统计局官网等查找到。另外，某些行业可通过一些经济指标来反映行业的景气度，比如有色金属行业可通过美元指数走势来反映，发电量的变化一定程度上反映了制造业的景气程度，房屋销售情况数据可以反映出与之相关的家居装饰、建材等行业的增长情况。

5. 从这个行业的龙头公司及行业顶尖人物的言论来分析

了解一个行业，要了解这个行业的龙头公司有哪些，有哪些关键人物。多关注他们的一些发言、演讲、微博及专栏的更新。因为他们在这个行业具备一定的话语权，他们的一些看法往往代表了这个行业的发展方向。比如电子商务，最重要的是腾讯、百度、京东、小米等几家公司，与之相对应的代表人物是马化腾、李彦宏、刘强东、雷军等几位企业家。他们的关注点就反映在他们的一些言论上，就是关于电商的未来发展方向。所以你会看到这几位领军人物，之前的很长一段时间，一直在大谈移动互联网。

（三）选择细分行业的龙头

从本质看，最终决定一只股票命运的还是每股收益的增加。人们可能会把赌注压在股票短期波动上，但从长期来看公司每股收益的波动最终决定了股价的波动。当然你会发现有时也有例外发生，但是如果你仔细观察自己持有股票的走势图，你就会发现股票价格随着每股收益波动，而波动几乎是一个普遍规律。

基于以上原理，选择细分行业的龙头，追求企业业绩的成长，才是长期股市盈利的关键。

细分行业是经济学的术语，社会分工的不同，把社会分成各种行业，尤其是经济方面，分成工业、农业、服务业，第一产业、第二产业、第三产业等，在大类型的分工后，不能满足社会管理的需要，于是再分，工业里有制造业、能源业，商业分为内贸、外贸，可是还不够，于是又分类，随着社会发展的需要，新的行业不断加入社会经济生活，社会分工越来越多，越来越细，这种行业的不断分化，就是行业细分。

图2-2是通达信软件中的细分行业板块，我们可以在里面寻找龙头股，这些龙头股是我们重点寻找的标的。

	代码	名称	涨幅%	现价	涨跌	涨速%	量比	涨跌数	涨停数	开盘金额
1	880432	运输设备	2.15	1286.89	27.08	0.82	1.83	19/20	0	1609万
2	880454	水务	1.58	1246.08	19.43	-0.06	11.08	14/2	1	7197万
3	880390	汽车类	1.28	1859.49	23.52	0.41	3.84	205/38	2	1.61亿
4	880446	电气设备	1.18	1706.63	19.84	0.52	3.28	235/51	1	3.44亿
5	880447	工程机械	0.63	943.21	5.89	0.06	3.23	17/7	0	1090万
6	880351	矿物制品	0.43	1879.01	8.07	0.31	1.83	23/8	0	1088万
7	880380	酿酒	0.41	7005.19	28.70	0.22	2.51	16/20	0	4512万
8	880455	供气供热	0.39	797.37	3.06	-0.27	6.34	32/10	2	9088万
9	880476	建筑	0.32	1397.91	4.49	0.10	2.42	66/74	0	1.22亿
10	880310	石油	0.30	1007.47	3.04	-0.03	2.42	10/22	0	3251万
11	880456	环境保护	-0.22	1196.93	2.60	0.06	2.80	85/39	0	3143万
12	880448	电器仪表	0.16	3895.50	6.13	0.02	3.60	43/47	0	1.14亿
13	880344	建材	0.15	1251.80	1.90	0.03	2.71	34/41	0	4564万
14	880400	医药	0.12	2225.87	2.68	0.50	2.57	150/129	0	1.77亿
15	880472	证券	0.07	1292.25	0.94	-0.12	2.17	25/12	0	5505万
16	880387	家用电器	0.01	3344.81	0.37	-0.03	2.98	39/43	0	4240万
17	880335	化工	-0.02	1699.22	-0.29	0.06	2.49	158/207	1	1.36亿
18	880324	有色	-0.04	850.25	-0.32	0.25	2.27	69/51	0	6936万
19	880318	钢铁	-0.04	865.53	-0.37	0.05	1.73	18/30	0	1557万
20	880301	煤炭	-0.04	1154.88	-0.50	-0.19	2.28	16/14	0	2840万
21	880398	医疗保健	-0.07	4044.03	-2.94	0.12	4.45	108/53	2	1.80亿
22	880473	保险	-0.08	1966.45	-1.48	0.14	2.12	4/2	0	2629万
23	880452	电信运营	-0.09	1160.63	-1.03	0.19	1.71	2/2	0	1281万
24	880330	化纤	-0.13	1945.65	-2.45	-0.03	1.15	10/16	0	1881万
25	880305	电力	-0.16	1936.26	-3.06	-0.14	1.62	35/31	0	2.04亿

图2-2　通达信软件中的细分行业板块

细分行业龙头具有以下特点：绝大多数行业龙头长期的股价走势都远远跑赢整个板块；行业龙头股价走势一般特点是涨多跌少，涨的比板块多，跌的比板块少；龙头企业在行业中有绝对话语权，所以企业业绩一般都优于行业平均水平，很少会出现"黑天鹅"事件；行业龙头企业市值一般都比较大，机构抱团较多，很难被少数主力控盘，所以股价比较真实。

为什么要买细分行业龙头股的股票？主要有以下原因：由于龙头企业股价长期走势是不断创新高的，所以就算被套，只要有耐心，要不了多久就会解套；适合长线投资，多买几只龙头企业的股票，长期收益一般都比大盘的走势好很多；每次大幅下跌都是我们抄底的好时机，不用担心长期被套，所以买点建仓。

哪些才属于行业龙头企业？其实行业龙头企业比较好找，比如白酒行业的龙头企业是贵州茅台，钢铁行业的龙头企业是宝钢股份，家电行业的龙头企业是格力电器和美的集团，汽车行业的龙头企业是上汽集团，金融行业的龙头企业是中国平安，水泥行业的龙头企业是海螺水泥等，一般龙头企业在行业中都是综合实力最强的企业。

哪些龙头企业才是我们投资的标的呢？首先，所属行业未来的发展前景尽量要好；其次，企业业绩一定要好，最好年化收益率高于15%以上，越高越好，越稳定越好；最后，企业毛利率能稳步提高就更好了。

对于龙头企业的买点把握很简单，股价是因为整体趋势大幅下跌而下跌时就可以大胆分批买入，因为大盘小幅回调的也可以小仓位买入。不要在乎股价高，只要估值不高就可以买。如果大盘走势较好，而股价在之前没有大涨的前提下却持续下跌，说明公司内部可能出现了一定的问题，不要轻易抄底。

二、定量分析：看懂财务报表

（一）财务报表是企业的 DNA

一家企业由管理层、资源、文化理念、员工、服务、营运、战略、产品等组成。围绕企业的是债权人、合作伙伴、投资人、供应商、客户、政府、竞争者、经济环境。我们要完全搞清楚企业和围绕企业的各种因素，就需要一份完整的 DNA 数据——财务报表。

我们不要先入为主地去判断什么样的财报是好的，什么样的财报是不好的，而是要顺着企业的特点去验证该企业是否经营良好，是否有暗雷，是否有前景。

首先我们先明确我们做财务报表分析的目的是什么。不同的人做财务分析有不同的目的，但共同的目的都是希望从财务报表中获得对其经济决策有用的信息。因此做财务报表分析的对象就三个，财务状况、经营成果和现金流量，基于此，我们需要做的偿债能力分析、盈利能力分析、营运能力分析，构成了财务报表分析的大致框架。对投资者而言，重点应该分析检查企业的盈利能力、营运能力和资金使用的效益，了解投资报酬和投资风险。从企业内部管理的不同要求考虑，财务报表分析的内容十分广泛，既要帮助报表使用者总结、评价企业财务状况和经营成果，又要为报表使用者进行经济预测和决策提供可靠的依据。

财务报表分析的思路主要包括：首先，捕捉重要信息。报表各项目的具体数据只是表面，结构（各种比率或指标）是骨架，趋势是核心。结构比数值重要，而趋势比结构重要。其次，对比重要数据。财务报表只有通过对比式阅读才有意义，通常情况下至少要横比三家纵比三年才能得出相对科学的结论。最后，全面掌握企业信息。各种会计原则都有天然的局限，不能迷信或局限于报表分析，不妄下结论。

财务报表分析的方法主要包括以下两种：

1. 结构分析

首先，检查报表的各种勾稽关系，这是基本功。所谓勾稽关系指账簿和会计报表中有关数字之间存在的，可据以相互考察、核对的关系。例如，每一总分类账户的期末余额与其所属各二级账户或明细分类账户的期末余额之和，存在着相互一致可以核对的关系。又如，产品销售明细表的销售收入、销售税金、销售工厂成本、销售费用、技术转让费、销售利润的合计数和利润表的同一项目的金额也存在着相互核对的关系。注意利用勾稽关系，有助于减少差错，保证会计账簿、会计报表的准确性。

其次，做报表结构的横向对比，找出与同行之间的重大指标差异并分析原因。比较重要的指标是毛利率、净利率、Σ经营活动现金流 / Σ销售收入、销售收入 / 固定资产、流动资产 / 非流动资产、存货 / 固定资产、负债 / 总资产等。不必拘泥于教科书上的经典指标，甚至可根据行业特性自创比率。在列出结构差异之后，要从竞争力、产品细分、商业模式、规模、地域等方面进行推理，若找不出合理原因则有理由怀疑报表的真实性。

2. 趋势分析

趋势分析是通过比较企业连续几期的财务报表或财务比率来了解企业财务状况变化的趋势，并以此预测企业未来财务状况，判断企业的发展前景。趋势分析的重要内容是资产、收入和利润。

趋势分析法的内容包括：

比较财务报表是比较企业连续几期财务报表的数据，分析其增减变化的幅度及其变化原因，判断企业财务状况的发展趋势。这种方法选择的期数越多，分析结果的准确性越高。但是，在进行比较分析时，必须考虑到各期数据的可比性。因某些特殊原因，某一时期的某项财务数据可能变化较大，缺乏可比性，因此，在分析过程中应该排除非可比因素，使各期财务数据具有可比性。

比较百分比财务报表是在比较财务报表的基础上发展而来的。百分比财务报表是将财务报表中的数据用百分比来表示。比较财务报表是比较各期报表中的数据，而比较百分比财务报表则是比较各项目百分比的变化，以此来判断企业财务状况的发展趋势。

比较财务比率就是将企业连续几个会计期间的财务比率进行对比，从而分析企业财务状况的发展趋势。这种方法实际上是比率分析法与比较分析法的结合。与前面两种方法相比，这种方法更加直观地反映了企业各方面财务状况的变动趋势。

从效果看，资产的增加主要是来源于负债还是权益（盈利或股东投入），此外还要重点关注各资产科目的比例变化，这往往体现了企业的模式变化。收入的增加主要分析是来源于合并范围扩大还是自身经营扩张，重点关注毛利率和市场占有率的变化。总体来说，在毛利率较小波动的前提下市场占有率逐步增长才是最可靠最有持续性的情形，除此之外都要认真分析。利润的增加要综合资产与收入的增长做逻辑推理，但利润是经过若干加减之后处于报表末尾的，客观性最弱，要深入理解权责发生制的缺陷与漏洞之后辩证看待。

综合而言，企业的价值在于发展趋势，需要深入揣摩、熟能生巧。而这与所处行业紧密相关，不能仅凭报表就做出草率的结论。

（二）资产负债表、利润表、现金流量表

1. 资产负债表

资产负债表也可以称为财务状况表，表示企业在一定日期（通常为各会

计期末）的财务状况（即资产、负债和业主权益的状况）的主要会计报表。资产负债表利用会计平衡原则，将合乎会计原则的资产、负债、股东权益等交易科目分为"资产"和"负债及股东权益"两大区块，在经过分录、转账、分类账、试算、调整等会计程序后，以特定日期的静态企业情况为基准，浓缩成一张报表。其报表功用除了企业内部除错、经营方向、防止弊端外，也可让所有阅读者于最短时间了解企业经营状况。

资产负债表是反映企业在某一特定日期（如月末、季末、年末）全部资产、负债和所有者权益情况的会计报表，是企业经营活动的静态体现，根据"资产＝负债＋所有者权益"这一平衡公式，依照一定的分类标准和一定的次序，将某一特定日期的资产、负债、所有者权益的具体项目予以适当的排列编制而成。它表明企业在某一特定日期所拥有或控制的经济资源、所承担的现有义务和所有者对净资产的要求权。它是一张揭示企业在一定时点财务状况的静态报表。

资产负债表为会计上相当重要的财务报表，最重要功用在于表现企业的经营状况。就程序而言，资产负债表为簿记记账程序的末端，是集合了登录分录、过账及试算调整后的最后结果与报表。就性质而言，资产负债表则是表现企业或公司资产、负债与股东权益的对比关系，确切反映公司营运状况。就报表基本组成而言，资产负债表主要包含了报表左边算式的资产部分，与右边算式的负债与股东权益部分。而作业前端，如果完全依照会计原则记载，并经由正确的分录或转账试算过程后，必然会使资产负债表的左右边算式的总金额完全相同。而这个算式终其言就是"资产金额总计＝负债金额合计＋股东权益金额合计"。

资产负债表一般有表首、正表两部分。其中，表首概括地说明报表名称、编制单位、编制日期、报表编号、货币名称、计量单位等。正表是资产负债表的主体，列示了用以说明企业财务状况的各个项目。资产负债表正表的格式一般有两种：报告式资产负债表和账户式资产负债表。报告式资产负债表是上下结构，上半部列示资产，下半部列示负债和所有者权益。具体排列形式又有两种：一是按"资产＝负债＋所有者权益"的原理排列；二是按"资产－负债＝所有者权益"的原理排列。

企业的资产负债表采用账户式结构。账户式资产负债表分左右两方，左方为资产项目，大体按资产的流动性大小排列，流动性大的资产如"货币资金""交易性金融资产"等排在前面，流动性小的资产如"长期股权投资""固定资产"等排在后面。右方为负债及所有者权益项目，一般按要求清偿时间的先后顺序排列，"短期借款""应付票据""应付账款"等需要在一年以内或者长于一年的一个正常营业周期内偿还的流动负债排在前面，"长期借款"等在一年以上才需偿还的非流动负债排在中间，在企业清算之前不需要偿还的所有者权益项目排在后面。

不管采取什么格式，资产各项目的合计等于负债和所有者权益各项目的合计这一等式不变。

表 2-1 是五粮液 2023 年度资产负债表。

表2-1　五粮液2023年度资产负债表

编制单位：宜宾五粮液股份有限公司　　　　　　　2023 年 12 月 31 日　　　　　　　　　　单位：元

项目	2023 年 12 月 31 日	2023 年 1 月 1 日
流动资产：		
货币资金	115,456,300,910.64	92,358,426,975.79
结算备付金		
拆出资金		
交易性金融资产		
衍生金融资产		
应收票据		119,918,307.60
应收账款	42,647,461.48	35,686,942.32
应收款项融资	14,086,450,565.79	28,904,198,420.44
预付款项	169,425,745.15	135,982,868.14
应收保费		
应收分保账款		
应收分保合同准备金		
其他应收款	39,624,933.74	30,901,231.69

其中: 应收利息		
应收股利		
买入返售金融资产		
存货	17, 387, 841, 712. 87	15, 980, 657, 013. 57
合同资产		
持有待售资产		
一年内到期的非流动资产		
其他流动资产		
流动资产合计	147, 182, 291, 329. 67	137, 565, 771, 759. 55
非流动资产:		
发放贷款和垫款		
债权投资		
其他债权投资		
长期应收款		
长期股权投资	2, 020, 366, 240. 69	1, 986, 387, 524. 78
其他权益工具投资		
其他非流动金融资产	1, 200, 000. 00	1, 200, 000. 00
投资性房地产		
固定资产	5, 189, 917, 302. 17	5, 312, 971, 445. 61
在建工程	5, 623, 356, 422. 20	3, 773, 155, 983. 95
生产性生物资产		
油气资产		
使用权资产	126, 810, 315. 49	380, 922, 885. 84
无形资产	2, 056, 870, 639. 03	518, 517, 835. 31
开发支出		
商誉	1, 621, 619. 53	1, 621, 619. 53
长期待摊费用	163, 120, 023. 86	158, 586, 327. 06
递延所得税资产	2, 242, 610, 567. 82	2, 140, 289, 194. 58
其他非流动资产	824, 817, 224. 29	972, 502, 674. 97
非流动资产合计	18, 250, 690, 355. 08	15, 246, 155, 491. 63
资产总计	165, 432, 981, 684. 75	152, 811, 927, 251. 18
流动负债:		
短期借款		
向中央银行借款		
拆入资金		
交易性金融负债		
衍生金融负债		
应付票据	732, 432, 611. 26	887, 970, 376. 53
应付账款	8, 864, 206, 997. 09	7, 246, 802, 709. 58
预收款项	17, 522, 814. 61	16, 160, 671. 49
合同负债	6, 864, 383, 635. 25	12, 379, 125, 542. 70

卖出回购金融资产款		
吸收存款及同业存放		
代理买卖证券款		
代理承销证券款		
应付职工薪酬	3,872,122,436.43	3,375,526,829.88
应交税费	6,268,458,145.77	5,301,718,185.93
其他应付款	5,385,776,903.69	4,631,434,915.43
其中：应付利息		
应付股利		13,191,392.99
应付手续费及佣金		
应付分保账款		
持有待售负债		
一年内到期的非流动负债	14,512,448.92	375,682,599.77
其他流动负债	663,723,991.63	1,544,723,419.34
流动负债合计	32,683,139,984.65	35,759,145,250.65
非流动负债：		
保险合同准备金		
长期借款		
应付债券		
其中：优先股		
永续债		
租赁负债	115,722,608.68	16,976,148.73
长期应付款		
长期应付职工薪酬		
预计负债		
递延收益	253,043,325.37	254,416,864.75
递延所得税负债	31,702,578.88	94,360,946.95
其他非流动负债		
非流动负债合计	400,468,512.93	365,753,960.43
负债合计	33,083,608,497.58	36,124,899,211.08
所有者权益：		
股本	3,881,608,005.00	3,881,608,005.00
其他权益工具		
其中：优先股		
永续债		
资本公积	2,682,647,086.15	2,682,647,086.15
减：库存股		
其他综合收益		
专项储备		
盈余公积	33,588,553,502.81	28,432,482,367.38
一般风险准备		

未分配利润	89,405,432,446.55	79,031,159,753.65
归属于母公司所有者权益合计	129,558,241,040.51	114,027,897,212.18
少数股东权益	2,791,132,146.66	2,659,130,827.92
所有者权益合计	132,349,373,187.17	116,687,028,040.10
负债和所有者权益总计	165,432,981,684.75	152,811,927,251.18

2. 利润表

利润表是反映企业在一定会计期间经营成果的报表。由于它反映的是某一期间的情况，所以，又被称为动态报表。有时，利润表也称为损益表、收益表。

利润表一般有表首、正表两部分。其中表首说明报表名称编制单位、编制日期、报表编号、货币名称、计量单位等；正表是利润表的主体，反映形成经营成果的各个项目和计算过程。

利润表正表的格式有两种：单步式利润表和多步式利润表。单步式利润表是将当期所有的收入列在一起然后将所有的费用列在一起两者相减得出当期净损益。多步式利润表是通过对当期的收入、费用、支出项目按性质加以归类，按利润形成的主要环节列示一些中间性利润指标，如营业利润、利润总额、净利润，分步计算当期净损益。

我国企业会计制度规定，企业的利润表采用多步式，每个项目通常又分为"本月数"和"本年累计数"两栏分别填列。"本月数"栏反映各项目的本月实际发生数；在编报中期财务会计报告时，填列上年同期累计实际发生数；在编报年度财务会计报告时，填列上年全年累计实际发生数。如果上年度利润表与本年度利润表的项目名称和内容不一致，则按编报当年的口径对上年度利润表项目的名称和数字进行调整，填入本表"上年数"栏。在编报中期和年度财务会计报告时，将"本月数"栏改成"上年数"栏。本表"本年累计数"栏反映各项目自年初起至报告期末止的累计实际发生数。

多步式利润表主要分四步计算企业的利润（或亏损）。第一步，以主营业务收入为基础，减去主营业务成本和主营业务税金及附加，计算主营业务利润；第二步，以主营业务利润为基础，加上其他业务利润，减去销售费用、管理费用、财务费用，计算出营业利润；第三步，以营业利润为基础，加上投资净收益、补贴收入、营业外收入，减去营业外支出，计算出利润总额；第四步，以利润总额为基础，减去所得税，计算净利润（或净亏损）。

利润表是根据"收入－费用＝利润"的基本关系来编制的，其具体内容取决于收入、费用、利润等会计要素及其内容，利润表项目是收入、费用和利润要素内容的具体体现。从反映企业经营资金运动的角度看，它是一种反映企业经营资金动态表现的报表，主要提供有关企业经营成果方面的信息，属于动态会计报表。在生产经营中企业不断地发生各种费用支出，同时取得各种收入，收入减去费用，剩余的部分就是企业的盈利。取得的收入和发生的相关费用的对比情况就是企业的经营成果。如果企业经营不当，发生的生产经营费用超过取得的收入，企业就发生了亏损；反之企业就能取得一定的利润。会计部门应定期（一般按月份）核算企业的经营成果，并将核算结果编制成报表，这就形成了利润表。

表 2-2 是五粮液 2023 年度利润表。

表2-2　五粮液2023年度利润表

单位: 元

项目	2023 年度	2022 年度
一、营业总收入	83,272,067,317.19	73,968,640,704.54
其中: 营业收入	83,272,067,317.19	73,968,640,704.54
利息收入		
已赚保费		

手续费及佣金收入		
二、营业总成本	41,653,257,827.54	37,049,016,916.17
其中：营业成本	20,157,143,952.21	18,178,425,659.64
利息支出		
手续费及佣金支出		
退保金		
赔付支出净额		
提取保险责任合同准备金净额		
保单红利支出		
分保费用		
税金及附加	12,531,695,628.42	10,748,802,377.04
销售费用	7,796,298,418.13	6,844,237,013.17
管理费用	3,319,445,339.77	3,068,119,268.45
研发费用	321,845,165.28	235,783,645.79
财务费用	-2,473,170,676.27	-2,026,351,047.92
其中：利息费用	11,618,338.87	48,003,667.91
利息收入	2,487,953,643.33	2,075,700,630.12
加：其他收益	330,670,203.50	186,525,904.41
投资收益（损失以"-"号填列）	57,617,083.91	92,571,951.15
其中：对联营企业和合营企业的投资收益	57,617,083.91	92,571,951.15
以摊余成本计量的金融资产终止确认收益		
汇兑收益（损失以"-"号填列）		
净敞口套期收益（损失以"-"号填列）		
公允价值变动收益（损失以"-"号填列）		
信用减值损失（损失以"-"号填列）	-772,191.29	-1,437,932.66
资产减值损失（损失以"-"号填列）	-3,932,827.97	-26,207,459.87
资产处置收益（损失以"-"号填列）	1,272,004.07	3,347,202.23
三、营业利润（亏损以"-"号填列）	42,003,663,761.87	37,174,423,453.63
加：营业外收入	45,351,676.69	38,885,270.86
减：营业外支出	136,333,494.92	109,788,008.25
四、利润总额（亏损总额以"-"号填列）	41,912,681,943.64	37,103,520,716.24
减：所得税费用	10,391,904,361.49	9,133,735,140.97
五、净利润（净亏损以"-"号填列）	31,520,777,582.15	27,969,785,575.27
（一）按经营持续性分类		
1.持续经营净利润（净亏损以"-"号填列）	31,520,777,582.15	27,969,785,575.27
2.终止经营净利润（净亏损以"-"号填列）		
（二）按所有权归属分类		
1.归属于母公司股东的净利润	30,210,585,269.30	26,689,983,647.20
2.少数股东损益	1,310,192,312.85	1,279,801,928.07

六、其他综合收益的税后净额		
归属母公司所有者的其他综合收益的税后净额		
（一）不能重分类进损益的其他综合收益		
1.重新计量设定受益计划变动额		
2.权益法下不能转损益的其他综合收益		
3.其他权益工具投资公允价值变动		
4.企业自身信用风险公允价值变动		
5.其他		
（二）将重分类进损益的其他综合收益		
1.权益法下可转损益的其他综合收益		
2.其他债权投资公允价值变动		
3.金融资产重分类计入其他综合收益的金额		
4.其他债权投资信用减值准备		
5.现金流量套期储备		
6.外币财务报表折算差额		
7.其他		
归属于少数股东的其他综合收益的税后净额		
七、综合收益总额	31,520,777,582.15	27,969,785,575.27
归属于母公司所有者的综合收益总额	30,210,585,269.30	26,689,983,647.20
归属于少数股东的综合收益总额	1,310,192,312.85	1,279,801,928.07
八、每股收益		
（一）基本每股收益	7.783	6.876
（二）稀释每股收益	7.783	6.876

本期发生同一控制下企业合并的，被合并方在合并前实现的净利润为：0.00 元，上期被合并方实现的净利润为：0.00 元。

3. 现金流量表

现金流量表是财务报表的三个基本报告之一，所表达的是在一固定期间（通常是每月或每季）内，一家企业的现金（包含银行存款）的增减变动情形。

现金流量表的出现，主要是要反映出资产负债表中各个项目对现金流量的影响，并根据其用途划分为经营、投资及筹资三个活动分类。现金流量表可用于分析一家机构在短期内有没有足够现金去应付开销。

作为一个分析的工具，现金流量表的主要作用是决定公司短期生存能力，特别是缴付账单的能力。它是反映一家公司在一定时期现金流入和现金流出动态状况的报表。其组成内容与资产负债表和损益表相一致。通过现金流量表，可以概括反映经营活动、投资活动和筹资活动对企业现金流入流出的影响，对于评价企业的实现利润、财务状况及财务管理，要比传统的损益表提供更好的基础。

现金流量表提供了一家公司经营是否健康的证据。如果一家公司经营活动产生的现金流无法支付股利与保持股本的生产能力，从而它得用借款的方式满足这些需要，那么这就给出了一个警告，这家公司从长期来看无法维持正常情况下的支出。现金流量表通过显示经营中产生的现金流量的不足和不得不用借款来支付，这种情况无法永久支撑的股利水平，从而可以揭示出公司内在的发展问题。

一个正常经营的企业，在创造利润的同时，还应创造现金收益，通过对现金流入来源分析，就可以对创造现金能力作出评价，并可对企业未来获取现金能力作出预测。现金流量表所揭示的现金流量信息可以从现金角度对企业偿债能力和支付能力作出更可靠、更稳健的评价。企业的净利润是以权责发生制为基础计算出来的，而现金流量表中的现金流量表是以收付实现制为基础的。通过对现金流量和净利润的比较分析，可以对收益的质量作出评价。投资活动是企业将一部分财力投入某一对象，以谋取更多收益的一种行为，筹资活动是企业根据财力的需求，进行直接或间接融资的一种行为，企业的投资和筹资活动和企业的经营活动密切相关，因此，对现金流量中所揭示的投资活动和筹资活动所产生的现金流入和现金流出信息，可以结合经营活动所产生的现金流量信息和企业净收益进行具体分析，从而对企业的投资活动和筹资活动作出评价。

现金流量表的意义：

（1）弥补资产负债信息量的不足。资产负债表是利用资产、负债、所有者权益三个会计要素的期末余额编制的；损益表是利用收入、费用、利润三个会计要素的本期累计发生额编制的（收入、费用无期末余金额，利润结转下期）。唯独资产、负债、所有者权益三个会计要素的发生额原先没有得到充分的利用，没有填入会计报表。会计资料一般是发生额与本期净增加额（期末、期初余额之差或期内发生额之差），说明变动的原因，期末余额说明变动的结果。本期的发生额与本期净增加额得不到合理的运用，不能不说是一个缺憾。

根据资产负债表的平衡公式可写成：现金＝负债＋所有者权益－非现金资产。这个公式表明，现金的增减变动受公式右边因素的影响，负债、所有者权益的增加（减少）导致现金的增加（减少），非现金资产的减少（增加），导致现金的增加（减少），现金流量表中的内容尤其是采用间接法时即利用资产、负债、所有者权益的增减发生额或本期净增加额填报的。这样，账簿的资料得到充分利用，现金变动原因的信息得到充分揭示。

（2）便于从现金流量的角度考核企业。对一个经营者来说，如果没有现金，缺乏购买与支付能力是致命的。企业的经营者由于管理的要求亟须了解现金流量信息。另外在当前商业信誉存有诸多问题的情况下，与企业有密切关系的部门与个人投资者、银行、财税、工商等不仅需要了解企业的资产、负债、所有者权益的结构情况与经营成果，更需要了解企业的偿还支付能力，了解企业现金流入、流出及净流量信息。

损益表的利润是根据权责发生制原则核算出来的，权责发生制贯彻递延、应计、摊销和分配原则，核算的利润与现金流量是不同步的。损益表上有利润银行户上没有钱的现象经常发生。近几年来随着大家对现金流量的重视，深深感到权责发生制编制的损益表不能反映现金流量是个很大的缺陷。但是企业也不能因此废权责发生制而改为收付实现制。因为收付实现制也有很多不合理的地方，历史证明企业不能采用。在这种情况下，坚持权责发生制原则进行核算的同时，编制收付实现制的现金流量表，不失为"熊掌"与"鱼"兼得的方法。现金流量表划分经营活动、投资活动、筹资活动，按类说明企业一个时期流入多少现金，流出多少现金及现金流量净额，从而可以了解现金从哪里来到哪里去，损益表上的利润为什么没有变动，从现金流量的角度对企业作出更加全面合理的评价。

（3）了解企业筹措现金、生成现金的能力。如果把现金比作企业的血液，企业想取得新鲜血液的办法有以下两种：

①为企业输血，即通过筹资活动吸收投资者投资或借入现金。吸收投资者投资，企业的受托责任增加；借入现金负债增加，今后要还本付息。在市场经济的条件下，没有"免费使用"的现金，企业输血后下一步要付出一定的代价。

②企业自己生成血液，经营过程中取得利润。企业要想生存发展，就必须获利，利润是企业现金来源的主要渠道。通过现金流量表可以了解经过一段时间经营，企业的内外筹措了多少现金，自己生成了多少现金。筹措的现金是否按计划用到企业扩大生产规模、购置固定资产、补充流动资金上，还是被经营方侵蚀掉了。企业筹措现金，生产现金的能力，是企业加强经营管理合理使用调度资金的重要信息，是其他两张报表所不能提供的。

表 2-3 是五粮液 2023 年度现金流量表。

表2-3　五粮液2023年度现金流量表

单位：元

项目	2023 年度	2022 年度
一、经营活动产生的现金流量：		
销售商品、提供劳务收到的现金	105,349,992,178.96	81,770,582,903.92
客户存款和同业存放款项净增加额		
向中央银行借款净增加额		
向其他金融机构拆入资金净增加额		
收到原保险合同保费取得的现金		
收到再保业务现金净额		
保户储金及投资款净增加额		
收取利息、手续费及佣金的现金		
拆入资金净增加额		
回购业务资金净增加额		
代理买卖证券收到的现金净额		
收到的税费返还	83,435,000.00	72,322,800.00
收到其他与经营活动有关的现金	2,328,844,302.03	2,006,197,288.41
经营活动现金流入小计	107,762,271,480.99	83,849,102,992.33
购买商品、接受劳务支付的现金	21,310,361,287.23	19,397,297,581.75
客户贷款及垫款净增加额		

第二章 投资方法 / 047

存放中央银行和同业款项净增加额		
支付原保险合同赔付款项的现金		
拆出资金净增加额		
支付利息、手续费及佣金的现金		
支付保单红利的现金		
支付给职工以及为职工支付的现金	7,890,206,082.92	7,879,082,833.54
支付的各项税费	30,999,125,076.75	27,773,048,881.11
支付其他与经营活动有关的现金	5,820,099,125.86	4,368,537,434.45
经营活动现金流出小计	66,019,791,572.76	59,417,966,730.85
经营活动产生的现金流量净额	41,742,479,908.23	24,431,136,261.48
二、投资活动产生的现金流量：		
收回投资收到的现金		
取得投资收益收到的现金	23,638,368.00	23,038,080.00
处置固定资产、无形资产和其他长期资产收回的现金净额	1,765,989.88	46,667,262.99
处置子公司及其他营业单位收到的现金净额		
收到其他与投资活动有关的现金		
投资活动现金流入小计	25,404,357.88	69,705,342.99
购建固定资产、无形资产和其他长期资产支付的现金	2,957,236,682.34	1,780,534,893.52
投资支付的现金		5,625,000.00
质押贷款净增加额		
取得子公司及其他营业单位支付的现金净额		
支付其他与投资活动有关的现金		
投资活动现金流出小计	2,957,236,682.34	1,786,159,893.52
投资活动产生的现金流量净额	-2,931,832,324.46	-1,716,454,550.53
三、筹资活动产生的现金流量：		
吸收投资收到的现金	22,618,764.59	
其中：子公司吸收少数股东投资收到的现金	22,618,764.59	
取得借款收到的现金		
收到其他与筹资活动有关的现金		
筹资活动现金流入小计	22,618,764.59	
偿还债务支付的现金		
分配股利、利润或偿付利息支付的现金	15,894,242,592.66	12,681,422,089.05
其中：子公司支付给少数股东的股利、利润	1,214,001,151.69	947,321,133.56
支付其他与筹资活动有关的现金	428,610,750.02	424,009,369.15
筹资活动现金流出小计	16,322,853,342.68	13,105,431,458.20
筹资活动产生的现金流量净额	-16,300,234,578.09	-13,105,431,458.20
四、汇率变动对现金及现金等价物的影响	627,320.96	136,266.19
五、现金及现金等价物净增加额	22,511,040,326.64	9,609,386,518.94
加：期初现金及现金等价物余额	90,584,643,897.66	80,975,257,378.72
六、期末现金及现金等价物余额	113,095,684,224.30	90,584,643,897.66

（三）最有用的财务指标

1. 净资产收益率（ROE）

净资产收益率是最重要的买入参考指标。净资产收益率，又称股东权益报酬率／净值报酬率／权益报酬率／权益利润率／净资产利润率，是净利润与平均股东权益的百分比，是公司税后利润除以净资产得到的百分比率，该指标反映股东权益的收益水平，用以衡量公司运用自有资本的效率。指标值越高，说明投资带来的收益越高。该指标体现了自有资本获得净收益的能力。

一般来说，负债增加会导致净资产收益率的上升。企业资产包括了两部分，一部分是股东的投资，即所有者权益（它是股东投入的股本、企业公积金和留存收益等的总和），另一部分是企业借入和暂时占用的资金。企业适当地运用财务杠杆可以提高资金的使用效率，借入的资金过多会增大企业的财务风险，但一般可以提高盈利，借入的资金过少会降低资金的使用效率。净资产收益率是衡量股东资金使用效率的重要财务指标。

一般而言，净资产收益率越高，上市公司的成长前景和赚钱能力越强。净资产收益率也是巴菲特最喜欢的分析指标。净资产收益率可衡量公司对股东投入资本的利用效率。它弥补了每股税后利润指标的不足。例如，在公司对原有股东送红股后，每股盈利将会下降，从而在投资者中造成错觉，以为公司的获利能力下降了，而事实上，公司的获利能力并没有发生变化，用净资产收益率来分析公司获利能力就比较适宜。股神巴菲特只买入最近五年的年均净资产收益率达到 15% 以上的上市公司。

影响净资产收益率的因素主要有总资产报酬率、负债利息率、企业资本结构和所得税率等。

（1）总资产报酬率。净资产是企业全部资产的一部分，因此，净资产收益率必然受企业总资产报酬率的影响。在负债利息率和资本构成等条件不变的情况下，总资产报酬率越高，净资产收益率就越高。

（2）负债利息率。负债利息率之所以影响净资产收益率，是因为在资本结构一定情况下，当负债利息率变动使总资产报酬率高于负债利息率时，将对净资产收益率产生有利影响；反之，在总资产报酬率低于负债利息率时，将对净资产收益率产生不利影响。

（3）资本结构或负债与所有者权益之比。当总资产报酬率高于负债利息率时，提高负债与所有者权益之比，将使净资产收益率提高；反之，降低负债与所有者权益之比，将使净资产收益率降低。

（4）所得税率。因为净资产收益率的分子是净利润即税后利润，因此，所得税率的变动必然引起净资产收益率的变动。通常，所得税率提高，净资产收益率下降；反之，则净资产收益率上升。

下式可反映出净资产收益率与各影响因素之间的关系：

净资产收益率＝净利润／平均净资产＝（息税前利润－负债 × 负债利息率）×（1－所得税率）／平均净资产

明确了净资产收益率与其影响因素之间的关系，运用连环替代法或定基替代法，还可以用以分析各因素变动对净资产收益率的影响。

2. 营业收入增长率

营业收入增长率是指企业本年营业收入增加额对上年营业收入总额的比率。主营业务增长率表示与上年相比，主营业务收入的增减变动情况，是评价企业成长状况和发展能力的重要指标。

营业收入增长率是企业营业收入增长额与上年营业收入总额的比率，反映企业营业收入的增减变动情况。其计算公式为：

营业收入增长率＝（营业收入增长额／上年营业收入总额）×100%

其中：

营业收入增长额＝营业收入总额－上年营业收入总额

营业收入增长率指标的意义：

（1）营业收入增长率是衡量企业经营状况和市场占有能力、预测企业经营业务拓展趋势的重要标志。不断增加的营业收入，是企业生存的基础和发展的条件。

（2）该指标若大于0，表示企业的营业收入有所增长，指标值越高，表明增长速度越快，企业市场前景越好；若该指标小于0，则说明存在产品或服务不适销对路、质次价高等方面问题，市场份额萎缩。

（3）该指标在实际操作时，应结合企业历年的营业收入水平、企业产品或服务市场占有情况、行业未来发展及其他影响企业发展的潜在因素进行前瞻性预测，或者结合企业前三年的营业收入增长率作出趋势性分析判断。

营业收入增长率指标的作用：

（1）衡量公司的产品生命周期。营业收入增长率可以用来衡量公司的产品生命周期，判断公司发展所处的阶段。一般来说，如果营业收入增长率超过10%，说明公司产品处于成长期，将继续保持较好的增长势头，尚未面临产品更新的风险，属于成长型公司。如果营业收入增长率在5%～10%，说明公司产品已进入稳定期，不久将进入衰退期，需要着手开发新产品。如果该比率低于5%，说明公司产品已进入衰退期，保持市场份额已经很困难，业务利润开始滑坡，如果没有已开发好的新产品，将步入衰落。

（2）判断企业业务的发展状况。营业收入增长率与应收账款增长率的比较分析，可以表示公司销售额的增长幅度，可以借以判断企业业务的发展状况。

一般认为，当营业收入增长率低于-30%时，说明公司业务大幅滑坡，预警信号产生。另外，当营业收入增长率小于应收账款增长率，甚至营业收入增长率为负数时，公司极可能存在操纵利润行为，需严加防范。在判断时还需根据应收账款占营业收入的比重进行综合分析。

在一些科技公司前期经营中，由于持续投入更多的资金开发技术和市场，所以在盈利结果方面表现比较一般。但是作为一家优秀的科技公司，即使是没有赚钱，最起码在市场规模和份额上必定是越来越大，所以营业收入增长率是衡量一家上市公司成长能力和速度的重要指标。传统型公司的营业收入增长率在 10% 以上，科技型公司的营业收入增长率一般在 30% 以上。

3. 毛利率

毛利率是毛利与销售收入（或营业收入）的百分比，其中毛利是营业收入和与收入相对应的营业成本之间的差额。用公式表示：

毛利率 = 毛利 / 营业收入 ×100% =（主营业务收入 – 主营业务成本）/ 主营业务收入 ×100%

从构成上看，毛利是营业收入与营业成本的差，但实际上这种理解将毛利率的概念本末倒置了。其实，毛利率反映的是一个商品经过生产转换内部系统以后增值的那一部分。也就是说，增值的越多毛利自然就越多。比如产品通过研发的差异性设计，对比竞争对手增加了一些功能，而边际价格的增加又为正值，这时毛利也就增加了。

毛利率基本代表了公司的产品档次和行业地位。毛利率越高的公司护城河越宽厚，也更值得买入。打一个比方，如果行业内发生价格战，那么最终一般都是毛利率较高的公司成为赢家。

计算毛利率的毛利额和收入额通常指的是指按某种方式划分的一定期间的毛利额和收入额，与某种划分方式和一定的期间相对应，在计算毛利率时，收入和成本的计算口径与会计上的计算口径一致，对于工商企业，收入指的是不含增值税销项税额的收入，对于建造施工企业，收入为含税收入，特别注意的是，商业企业一般纳税人，成本是按不含进项税额的单价计算确定的。对于工商企业，毛利额的大小，取决于两个因素，一个是数量因素，即销售数量的多少，另一个是质量因素，即单位毛利的大小。

通常而言，毛利率的大小取决于以下因素：

（1）市场竞争。所谓物以稀为贵，如果市场上没有这类产品，或这类产品很少，或这类产品相比市场上的同类产品，其质量、功能价值要占有优势，那么产品的价格自然是采用高价策略，反之如果是经营普通产品或夕阳产业，市场比较饱和，那么只能是取得随大流的销售价格，取得平均的销售毛利。

（2）企业营销。如果企业为了扩大市场占有率，则可能采取先以较低价格打开市场，待市场占稳后再根据市场认同度重新调整定价策略。如果企业为了尽快地收回投资，企业可能以较高的价格打入市场，再进行逐渐渗透之策，市场对成熟产品通常是实行价高量小，价小量大的回报方式，如何在价格与销量之间进行平衡，以求得利润最大化，是企业进行营销策划所必须面对而不能回避的一个重要问题。

（3）研发成本。现代经济的一个特点是产品更新换代很快，谁能更快更好地开发出具有新兴功能的新产品，而产品在功能、使用价值及价格上存在优势，谁就能占领市场的最高点，企业的研发投入量大，通常其取得的发明创造成就多，受到专利保护所取得的利益就多，新兴产品在成本、功效上就有极大的优势，其产品毛利也大。

（4）品牌效应。如果企业有知名度，比方说其产品具有驰名商标或地方知名品牌商标，其产品质量得到市场的认可，那么这类产品的毛利通常也会比较高；反之对于杂牌商品，就算其质量很好，由于没有知名度，其产品毛利率通常不如具有较高品牌价值的产品毛利率高。当然也不能一概而论，有些知名品牌产品毛利属于中等水准，主要是靠较高的销售数量来赚取利润，而有些杂牌商品由于不支出广告投入费用，主要靠柜台以及人力拓展，由于其价格中广告成本不大，其毛利率反而很高。

（5）固定成本。主要指固定资产上的投入，如机器设备、厂房、厂租的投入，这些构成固定制造费用，从某种角度来说，也反映了企业的进入门槛高低，企业为收回此巨额投资成本，也会提高其产品的毛利；反之如果企业投入的机器设备不多，或大多采取代工的形式组装加工，或委托加工，其销售利润要让一部分给协作厂商，其产品毛利也可能只是平均化的。

（6）技术成本。如果企业生产具有自主知识产权的专利产品，特别是发明专利和技术专利，而该专利产品无论在产品质量、产品功能方面比市场上原有同类产品均存有优势，具有成本上的优势，具有竞争上的排他性，自然具有加价能力，此时产品的毛利通常也比较高。

（7）技术工艺。主要指用人的技术要求，人工成本的大小，产品生产工艺复杂程度。技术含量高，所用技工档次等级较高，其产品的毛利也自然会高；反之对于工艺简单，没什么技术含量，大都实行普工操作的普通产品，当然不可能有多高的毛利。

（8）周转率。因为应收账款会占用资金成本，而企业通常会把这个资金成本打进销售价格里去，就是说如果是现销，钱货两清的交易，其成交价格相对要低得多；但凡是赊销，其成交价格相对现销来说要高一点。而销售价格高一点，则意味着毛利大一点，而销售价格低一点，则意味着毛利小一点，如果说某企业应收账款的周转率较小，而毛利又不大，则是一个很不正常的情况，应对其成本或进销价格进行实质性审查。

（9）生命周期。一般来说，一种全新功能的新产品刚投放市场的前期毛利比较高，但随着时间的推移，随着市场的扩大，竞争对手的加入，做的人越来越多，企业必然降价促销，同时伴随原材料及人工价格的走高，其销售毛利也会逐渐下降，这在保健品行业或高科技行业比较明显。

（10）产品部件。企业选择自己解决还是委外加工产品部件也很重要。一般来说自行生产其毛利要高一点，主要零部件采取委外加工方式生产的企业，其利润要分一部分给协作厂家，此时企业的毛利相对要低一点。

上述关于毛利率的分析仅就一般情况而言，实际上也有例外的时候。对于毛利率的分布，通常是高科技行业的毛利率比普通产业的毛利率高，新兴产业的毛利率比传统产业、夕阳产业的毛利率高，相对于同类产品，新开发的产品毛利率比原有老产品的毛利率高。

4.投资回报率

投资回报率（ROI）是指通过投资而应返回的价值，即企业从一项投资活动中得到的经济回报。它涵盖了企业的获利目标。投资回报率利润和投入经营所必备的财产相关，因为管理人员必须通过投资和现有财产获得利润。投资可分为实业投资和金融投资两大类，其中金融投资主要是指证券投资。

投资回报率＝年利润或年均利润/投资总额 ×100%

从公式可以看出，企业可以通过降低销售成本，提高利润率；提高资产利用效率来提高投资回报率。投资回报率的优点是计算简单。投资回报率往往具有时效性，回报通常是基于某些特定年份。

投资回报率能反映企业的综合盈利能力，且由于剔除了因投资额不同而导致的利润差异的不可比因素，因而具有横向可比性，有利于判断各企业经营业绩的优劣；此外，投资利润率可以作为选择投资机会的依据，有利于优化资源配置。

投资回报率的数据代表了行业或者公司的竞争激烈程度，竞争越残酷投资回报率越低，行业内竞争优势越大的公司投资回报率越高。

5. 每股现金流量

现金流量是反映企业会计期间现金与现金等价物流入与流出的报表。现金流量应按照经营活动和投资活动与筹项活动的现金流出类分项列出。每股现金流量是公司经营活动所产生的净现金流量减去优先股股利与流通在外的普通股股数的比率。

每股现金流量的计算公式如下：

每股现金流量＝（营业业务所带来的净现金流量－优先股股利）/流通在外的普通股股数

从短期来看，每股现金流量比每股盈余更能显示从事资本性支出及支付股利的能力。每股现金流量一般比每股盈余要高，原因是公司正常营业业务所带来的净现金流量还会包括一些从利润中扣除出去，但又不影响现金流出的费用调整项目，比如折旧费等。但每股现金流量也有可能低于每股盈余。

一家公司的每股现金流量越高，说明这家公司的每股普通股在一个会计年度内所赚得的现金流量越多；反之，则表示每股普通股所赚得的现金流量越少。虽然每股现金流量在短期内比每股盈余更能显示公司在资本性支出和支付股利方面的能力，但每股现金流量绝不能用来代替每股盈余作为公司盈利能力的主要指标的作用。

这一指标主要反映平均每股所获得的现金流量。该指标隐含了上市公司在维持期初现金流量情况下，有能力发给股东的最高现金股利金额。每股净利润则不能代表公司发放股利的能力。从这一点上来说，每股现金流量显得更实际更直接。公司现金流强劲，很大程度上表明主营业务收入回款力度较大，产品竞争性强，公司信用度高，经营发展前景有潜力。但应该注意的是，经营活动现金净流量并不能完全替代净利润来评价企业的盈利能力，每股现金流量也不能替代每股净利润的作用。上市公司股票价格是由公司未来的每股收益和每股现金流量的净现值来决定的。盈亏已经不是决定股票价值唯一重要因素。单从财务报表所反映的信息来看，现金流量日益取代净利润，成为评价公司股票价值的一个重要标准。

每股现金流量越高的上市公司财务数据越健康，表示公司的业务利润现金含量高，在经营上拥有更多自主权，在短期内出现资金链危机的风险非常低。

（四）如何判断企业财报造假

财务分析是一门艺术，三张财务报表构成了一个完美的逻辑。任何一张表发生了问题，一定会在其他的表上面有所体现。如果一家上市公司连续几年在利润表上造假，那么一定会体现出多个资产项目的异常。所以，判断财务造假风险和报表异常，不能局限在一张报表和个别的项目，需要三张表三位一体、多管齐下来观察。

整体而言，财务造假的一个核心思想是将不应该进利润表的费用（收入）披上资产（负债）的外衣继续待在或直接进入资产负债表中，另一个核心思想是将原本没有的收入（费用）计入利润表。它可以用一句简单的话表示为：调高利润，就是费用资产化，虚增收入；调低利润，就是资产费用化，收入负债化。

下面我们对财务报表的常见异常做简要分析：

1. 毛利率异常增高，同时存在资产的异常变化

这是报表异常的一个"双重信号"。发生以上现象的原因是很可能通过提高毛利率虚增了收入（也许也同时虚增了成本），那么与收入相关的银行存款、应收账款、预付账款很可能出现激增，同时，产生的利润无处安放，那么很可能计入固定资产、在建工程或者难以盘查的存货等比较隐蔽的地方。

一般而言，财务造假最好用的科目是"在建工程"和"固定资产"。很多上市公司都需要建设厂房、购买固定资产，这些东西的价格往往很高，关键是难以定价。因此，套取资金最安全的手法就是故意抬高它们的价格，然后转移出去高出来的那部分资金，一部分可能会被贪污，另一部分也可能通过购买自身产品，以做大利润的方式重新回到公司。例如，万福生科的财务造假就是充分利用了该科目。它从在建工程中洗出的资金回流企业，在增加经营活动的现金流量的同时，也形成了一个巨大的"资产黑洞"。

为什么说财务造假最好的科目为"在建工程""固定资产"等非流动性资产科目？因为它们比在流动性科目上造假更隐蔽、更难以发现。比如应收账款是流动资产，利用应收账款造假，会造成利润和现金流严重脱节的现象，容易引起关注而暴露。如果一开始就在长期资产上做假，只要做假的当年蒙过去了，以后基本就没问题了，比如对于在建工程、固定资产上的造假，以后可以通过折旧、减值的方式自然而然将黑洞化解于无形。例如，金亚科技通过虚构建造项目，假造了3.1亿元的工程款项。

如果有上市公司出现类似情况，投资者没办法去验证银行存款和应收账

款的真实性，但是可以通过测算应收账款的周转率或者其与营业收入的比率来查看是否有异常。如果应收账款周转率出现渐进式下降，或者应收账款增长远高于营业收入增长的比率，那么一定要注意看是公司的管理效率低下，还是有异常。总之，在原有业务未发生变化的情况下产生的毛利率激增，伴随资产的异常波动，这就是比较可疑的信号。

2. 营收稳步增长，资产异常变化，经营现金流"纸面富贵"

近年来的财务造假案件，很多企业的营业收入和毛利率都保持了难得的平稳，就此看来利润表上最主要的项目表面"风平浪静"。在这种情况下，投资者仍然可以关注应收账款的周转比率和营收比，存货周转比率和营业成本比等指标，看看企业的运营效率是否呈现逐步下降的趋势，并关注其原因。

当然，企业也有办法把应收账款周转率和存货周转率也表现得很"合理"，符合行业和季节性的特点。

之所以能处理得如此"不动声色"，是因为应收账款周转率的计算本身依赖于时点数，而时点的数字可以通过体外循环资金来调节，因此，也有可能做得"合理"。而存货则有些价值难以确定，比如人参，有些难以盘点，比如扇贝，诸如此类，对于外部投资者来说，有如"雾里看花"。因此，这个时候一是保持谨慎的态度，二是更多地依赖注册会计师的审计。

3. 企业上市前业绩有可能注水

通过对比上市前后的"销售利润率"，可以简单地判断企业上市前是否存在业绩注水的情况。通常企业上市后，由于股权融资，ROE（净资产收益率）是下降的。

了解杜邦分析法的朋友都知道，净资产收益率是由销售利润率、总资产周转率和权益乘数决定的，即：ROE= 销售利润率（净利润／总收入）× 总资产周转率（总收入／总资产）× 权益乘数（总资产／总权益资本），那么企业上市后 ROE 下降的主要因素是总资产周转率下降（融资后总资产扩大，但营业收入增长不多）和权益乘数下降，而销售利润率应该保持相对稳定甚至小幅上升，因为上市后股权融资节省了大量的财务费用，从而增加了净利润。因此，如果发现企业上市后销售利润率出现了大幅下降的情形，特别是降幅在 4% 以上，那么基本上可以确定企业上市前的财务报表存在业绩注水的情况。

4.其他

关注企业的造假风险，不能仅局限于三张财报的数字。报表造假，在其他方面也会有诸多"疑点"或者"高风险区域"。

（1）造假的动机。如果出现了净利润为负值，那么公司很可能被 ST，第二年来个"扭亏为盈"。例如，圣莱达 2014 年度净利润为负，2015 年便开始虚增收入；金亚科技 2013 年大幅亏损，2014 年便开始业绩造假。

（2）关联方安排。除了关注靠前 10 名的客户和供应商等信息，也需要关注下公司股权质押和担保以及最大客户的股权结构。这些有助于识别企业是否有隐蔽的关联方。

（3）董监高、审计机构的变动。上市公司高管频繁变动，特别是财务总监，那很有可能是风险提示。如果审计机构也频繁变动，那么就要高度警惕了。

以上是识别上市公司财报造假的常见手段，投资者需要擦亮眼睛，对上市公司财报有清醒的认识。

（五）实践中最简单的财务分析法

在学习完了以上财务分析指标之后，那么实践中有没有一套简单的财务分析法呢？

笔者经过多年的实践，分析总结出一套较为实用的简单方法，希望对读者朋友有些帮助。

1.分析每股收益和营业收入增长情况

彼得·林奇认为，高收益增长率正是创造公司股票上涨很多倍的大牛股的关键所在，也正是在股票市场上，收益增长率为 20% 的公司股票能给投资者带来惊人回报的原因所在。例如，沃尔玛公司和 The Limited 公司的股票 10 年间能上涨那么高绝非偶然，所有这一切都建立在公司收益以复利方式快速增长的基础之上。

在判别个股的成长性方面主要有两个指标：一是每股收益增长率，二是营业收入增长率，这是检验个股有无成长性的试金石，也是一般机构衡量个股成长性方面的两大核心指标。

每股收益增长率，是指反映了每一份公司股权可以分得的利润的增长程度。该指标通常越高越好。通过杜邦比率分析来看，每股收益增长率自身的驱动因素包括资本性开支（CAPEX）、资产周转率、营业利润率、净负债比率和股息分配率，每股收益若想增长前三项因素也必须增长，而后两项因素只有下降才能驱动每股收益增长。需要注意的是，每股收益增长率在公司扭亏为盈和由盈转亏或起始年度每股收益极低的时候会失去指导意义。

★最新主要指标★	2023-03-31	2022-12-31	2022-09-30	2022-06-30	2022-03-31	2021-12-31
每股收益(元)	3.2310	6.8760	5.1500	3.8900	2.7880	6.0230
每股净资产(元)	32.6076	29.3757	27.6493	26.3894	28.3108	25.5225
净资产收益率(%)	10.4300	25.2800	19.2500	14.4300	10.3600	25.3000
总股本(股)	38.8161亿	38.8161亿	38.8161亿	38.8161亿	38.8161亿	38.8161亿
流通A股(股)	38.8153亿	38.8153亿	38.8145亿	38.8145亿	38.815亿	38.815亿
限售条件股份(股)	8.2098万	8.2098万	16.2765万	16.2765万	11.0244万	11.0244万

2023-03-31 每股资本公积(元):0.6911	营业收入(元):311.3886亿	同比增13.03%	每股经营现金流量(元):2.4566
2023-03-31 每股未分利润(元):23.5916	净利润(元):125.4209亿	同比增15.89%	经营活动现金净流量增长率:380.37%

图2-3　五粮液的基本财务指标

图 2-3 是五粮液的基本财务指标，其中包含营业收入增长率和净利润增长率两项指标，另外由于每股收益（EPS）＝净利润／总股本，因此基本可以反映该公司的每股收益和营业收入增长情况。

2. 分析公司未来发展趋势

对于投资者而言，最为关心的是公司未来的发展趋势是怎样的。那么应当怎样分析公司未来发展趋势呢？

预测公司未来发展趋势需要对公司展开深入的调研。调研的方法有很多，例如拜访上市公司总部、实地调查公司分部、给上市公司打电话、阅读公司年报和研究报告等，其中最简便的方法是开展实地调查、阅读公司年报和研究报告。

企业实地调查是为了了解企业所处的内外环境，一方面为预测提供数据，另一方面为决策和计划提供根据。从企业内部的人财物、生产，到企业外部的市场供给和需求状况、消费者心理、法律规定、竞争对手情况等，都是实地调查的内容。但从实际经营活动看，有几点需要注意：第一，生产不同产品的企业与社会环境的关系不同。比如企业产品的销售范围不同，有地区性的、全国性的、国际性的；产品的用途不同，有的用作生产资料，有的用作生活资料。这些差异决定了对环境调查的范围、重点会不同。第二，企业规模和实力不同。大中型企业供产销面广，力量雄厚，有必要也有可能进行大范围、多方面的环境调查；而小企业由于实力不足，供产销联系面较小，也就不可能进行大范围的调查。因此企业实地调查要有明确的目的，根据自己的需要，取得可靠的资料。

在阅读公司年报和研究报告等方面，笔者认为投资者可以参考券商研究所的一些研究报告。尽管一些券商研究所在预测行情走势方面会出现失误，但是由于多数券商研究所的行业研究员重点研究企业的基本面，他们对企业未来业绩发展趋势的预测还是值得参考的。

图 2-4 是券商研究所对五粮液业绩的一致预测。从图中可以看到，券商研究所一致预测 2021 年五粮液归母净利润增长率为 22.24%，2022 年五粮液归母净利润增长率为 19.04%，2023 年五粮液归母净利润增长率为 17.88%。券商研究所一致预测 2021 年五粮液营业总收入增长率为 17.89%，2022 年五粮液营业总收入增长率为 16.06%，2023 年五粮液营业总收入增长率为 15.44%。

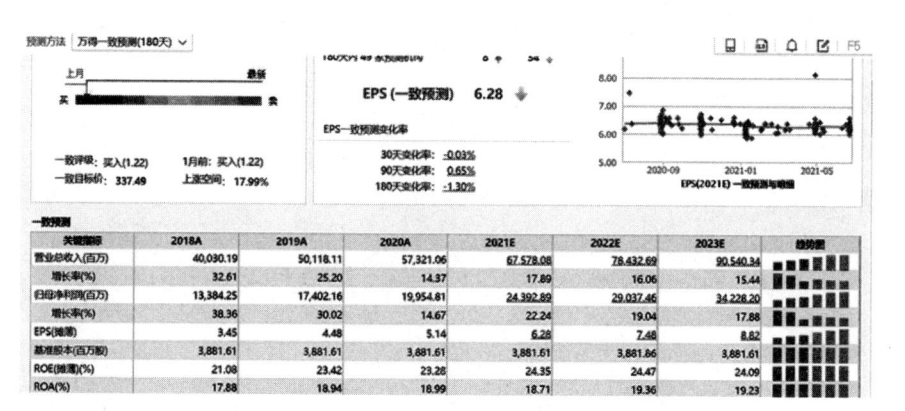

第二章　投资方法 / 061

图2-4　券商研究所对五粮液业绩的一致预测

（数据来源：wind数据库）

第三章

股票估值的有效方法

一、估值的意义及常见指标

（一）估值的意义

所谓估值，从字面上说就是估算价值，落在股票市场，就是给上市公司发行的股份定价，测算公司股票所拥有的价值。

投资为什么要估值呢？就像商人在进货的时候必须计算货物成本，才有办法算出究竟得卖多少钱，要卖多久才可以回本。投资也是这样，要去估算用市面上的价格去买这支股票，需要多久的时间才能开始回本赚钱等，才能判断收益，在众多只股票中做出选择。

很多人都研究过股神巴菲特，但是始终没有学会巴菲特投资的精髓。巴菲特精通会计和财务，他在识别虚假会计手段方面位于世界顶级水平，而且非常喜欢读年报，每年大约要阅读 10 万页 Moody 的评级报告，这对培养和提升他的会计和财务水平起到了非常重要的作用。

（二）股票估值的常见指标

一般来说，判断估值需要多个数据综合考量，在这里为大家列举出几个较为重要的指标：

1.PE

市盈率（Price Earnings Ratio，简称PE），也称"本益比""股价收益比率"或"市价盈利比率"。市盈率是指股票价格除以每股收益（EPS）的比率。或以公司市值除以年度股东应占溢利。

市盈率是最常用来评估股价水平是否合理的指标之一，是很具参考价值的股市指针，一方面，投资者亦往往不认为严格按照会计准则计算得出的盈利数字真实反映公司在持续经营基础上的获利能力，因此，分析师往往自行对公司正式公布的净利加以调整。

市盈率通常用来反映一笔投资回本所需要的时间，对于一些新兴行业或企业来说，市盈率也代表市场热度。

市盈率的公式：

市盈率＝每股价格/每股收益＝公司市值/净利润

由于不同行业的市盈率差别较大，在具体分析的时候可以提前参考一下公司所在行业的平均市盈率。

我们通过案例进行分析。

例如，福耀玻璃是汽车玻璃行业的巨大龙头公司，一般各大汽车品牌用的玻璃就是该公司的。近年来，它面向新能源汽车新技术和客户新需求，建立多功能的汽车玻璃及新技术研发中心，并且将全资子公司郑州福耀玻璃有限公司作为新能源等汽车玻璃全套（包括钢化、镀膜、模具生产等）配套生产基地。

图3-1是2022年11月福耀玻璃的价格，为38.13元。

图3-2是2022年福耀玻璃的每股收益预测值。根据各家券商研究机构的预测，截至2022年底福耀玻璃的每股收益将达到1.9347元，因此它的市盈率可以计算为：38.13/1.9347=19.71。

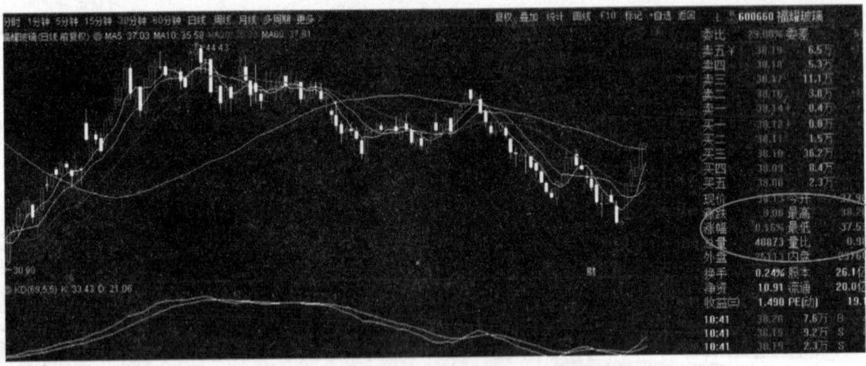

066　发现价值：价值投资实战指南

图3-1　2022年11月福耀玻璃的价格

盈利预测综合值一览

	2019A	2020A	2021A	2022E
营业总收入(百万元)	21,103.88	19,906.59	23,603.06	28,337.26
增长率(%)	4.35	-5.67	18.57	20.06
归属每公司股东净利润(百万元)	2,898.43	2,600.78	3,146.17	5,050.09
增长率(%)	-29.66	-10.27	20.97	60.52
每股收益(摊薄)(元)	1.1554	1.0367	1.2055	1.9347

图3-2　2022年福耀玻璃的每股收益预测值

从历史走势看，福耀玻璃所在汽车行业的平均市盈率在 15 ~ 30 为正常波动范围，所以这个股票价格也属于正常波动范围之内。

2. PEG

PEG 指标（市盈率相对盈利增长比率）是用公司的市盈率除以公司的盈利增长速度。PEG 指标（市盈率相对盈利增长比率）是 Jim Slater 发明的一个股票估值指标，是在 PE（市盈率）估值的基础上发展起来的，它弥补了 PE 对企业动态成长性估计的不足。当时他在选股的时候就是选那些市盈率较低，同时它们的增长速度又是比较高的公司，这些公司有一个典型特点就是 PEG 会非常低。

PEG 指标也是美国著名基金经理彼得·林奇最看重的财务指标，其计算公式是：

$$PEG=PE/（企业年净利润增长率 \times 100）$$

下面还是以 2022 年 11 月福耀玻璃为例：

图 3-3 是 2022 年福耀玻璃的净利润增长率预测值。根据各家券商研究机构的预测，截至 2022 年底福耀玻璃的净利润增长率将达到 60.52%，那么它的 PEG 值可以通过下式计算：

$$PEG=19.71/（60.52\% \times 100）=0.3257$$

盈利预测综合值一览

	2019A	2020A	2021A	2022E
营业总收入(百万元)	21,103.88	19,906.59	23,603.06	28,337.26
增长率(%)	4.35	-5.67	18.57	20.06
归属母公司股东净利润(百万元)	2,898.43	2,600.78	3,146.17	5,050.09
增长率(%)	-29.66	-10.27	20.97	60.52
每股收益(摊薄)(元)	1.1554	1.0367	1.2055	1.9347

图3-3　2022年福耀玻璃的净利润增长率预测值

根据彼得·林奇的分析方法，PEG 指标如果小于 1，也就是市盈率小于公司净利润增长率，说明公司具备投资价值，而且越小越好。PEG 指标如果大于 1，就表明该公司可能被高估。从上面 2022 年福耀玻璃的 PEG 值看，该股票在长期具有一定的投资价值。

3. PB

市净率（Price-to-Book Ratio，简称 PB）指的是每股股价与每股净资产的比率。与市盈率、市销率、现金流量折现等指标一样，市净率可用于股票投资分析，一般来说市净率较低的股票，投资价值较高，相反，则投资价值较低；但在判断投资价值时还要考虑当时的市场环境以及公司经营情况、盈利能力等因素。

股票净值即公司资本金、资本公积金、资本公益金、法定公积金、任意公积金、未分配盈余等项目的合计，它代表全体股东共同享有的权益，也称净资产。净资产的多少是由股份公司经营状况决定的，股份公司的经营业绩越好，其资产增值越快，股票净值就越高，因此股东所拥有的权益也越多。

市净率的计算方法是：

市净率 = 每股市价 / 每股净资产

下面仍然以 2022 年 11 月福耀玻璃为例：

图 3-4 是 2022 年福耀玻璃的每股净资产预测值。根据 19 家券商研究机构的预测，截至 2022 年底福耀玻璃的每股净资产将达到 11.0935，那么它的 PB 可以通过下式计算：

PB=38.13/11.0935=3.437

每股收益(摊薄)	每股经营现金流	每股股利	**每股净资产**

单位(元)	2019A	2020A	2021A	2022E	2023E	2024E
预测家数	-	-	-	19	19	18
平均值	8.5188	8.6081	10.0799	11.0935	12.2830	13.8763
中值	-	-	-	11.0300	11.8200	12.9100
最大值	-	-	-	12.3500	14.8500	17.9400
最小值	-	-	-	8.0900	9.7600	11.7000
标准差	-	-	-	0.8038	1.2344	1.9439

图3-4　2022年福耀玻璃的每股净资产预测值

4. ROE

净资产收益率（Return on Equity，简称 ROE），又称股东权益报酬率、净值报酬率、权益报酬率、权益利润率、净资产利润率，是净利润与平均股东权益的百分比，是公司税后利润除以净资产得到的百分比率，该指标反映股东权益的收益水平，用以衡量公司运用自有资本的效率。指标值越高，说明投资带来的收益越高。该指标体现了自有资本获得净收益的能力。

第三章　股票估值的有效方法 / 069

　　从实际意义看，净资产收益率可衡量公司对股东投入资本的利用效率。它弥补了每股税后利润指标的不足。例如。在公司对原有股东送红股后，每股盈利将会下降，从而在投资者中造成错觉，以为公司的获利能力下降了，而事实上，公司的获利能力并没有发生变化，用净资产收益率来分析公司获利能力就比较适宜。

　　ROE 是股神巴菲特最看重的指标，他的选股指标之一就是净资产收益率要超过 15%。

　　ROE 的计算方法是：

$$ROE= 每股净利润 / 净资产 \times 100\%$$

　　ROE 指标用以衡量一个公司的资产盈利能力，盈利能力用同样的钱，能够挣到更多的钱，那就说明这个公司非常具有竞争力。

　　下面仍然以 2022 年 11 月福耀玻璃为例：

　　图 3-5 是 2022 年福耀玻璃的归属母公司股东净利润预测值，根据 24 家券商研究机构的预测，截至 2022 年底福耀玻璃的归属母公司股东净利润将达到 5050.09 百万。图 3-6 是 2022 年福耀玻璃的总股本数值，从中可知福耀玻璃的总股本为 26.0974 亿，由此可以求出福耀玻璃的每股净利润为5050.09（百万）/26.0974（亿）=1.935（元）。

每股净资产		ROA		ROE		归属母公司股东净利润
单位(百万元)	2019A	2020A	2021A	2022E	2023E	2024E
预测家数	-	-	-	24	24	22
平均值	2,898.43	2,600.78	3,146.17	5,050.09	5,459.24	6,596.48
中值	-	-	-	5,064.50	5,469.00	6,603.50
最大值	-	-	-	5,600.00	6,253.00	7,778.00
最小值	-	-	-	4,003.00	4,763.00	5,890.00
标准差				354.00	285.19	403.34

图3-5　2022年福耀玻璃的归属母公司股东净利润预测值

★最新主要指标★	2022-09-30	2022-06-30	2022-03-31	2021-12-31	2021-09-30	2021-06-30
每股收益(元)	1.4900	0.9100	0.3300	1.2300	1.0200	0.7000
每股净资产(元)	10.9060	10.1745	10.4044	10.0799	9.8953	9.5622
净资产收益率(%)	14.5500	8.9500	3.2600	12.9600	10.8900	7.6700
总股本(股)	26.0974亿	26.0974亿	26.0974亿	26.0974亿	26.0974亿	26.0974亿
流通A股(股)	20.0299亿	20.0299亿	20.0299亿	20.0299亿	20.0299亿	20.0299亿
H股(股)	6.0676亿	6.0676亿	6.0676亿	6.0676亿	6.0676亿	6.0676亿

图3-6 2022年福耀玻璃的总股本数值

由图 3-4 可知，截至 2022 年底福耀玻璃的每股净资产将达到 11.0935，那么它的 ROE 可以通过下式计算：

$$ROE=1.935/11.0935 \times 100\%=17.44\%$$

从上述测算结果看，2022 年底福耀玻璃 ROE 的数值超过了 15%，属于可以考虑持有的资产。

二、现金流贴现模型（DCF）

现金流量贴现法是目前世界上非常流行的一种方法，也是非常实用的方法，它也是巴菲特推荐使用的方法。DCF 属于绝对估值法，是将一项资产在未来所能产生的自由现金流（通常要预测 10 ～ 30 年）根据合理的折现率（WACC）折现，得到该项资产的价值，如果该折现后的价值高于资产当前价格，则有利可图，可以买入，如果低于当前价格，则说明当前价格高估，需回避或卖出。

第三章　股票估值的有效方法 / 071

李嘉诚说过：投资就是买未来的现金流。通俗来说，现金流量贴现法就是把企业未来特定期间内的预期现金流量还原为当前现值。由于企业价值的精髓还是它未来盈利的能力，只有当企业具备这种能力，它的价值才会被市场认同，因此理论界通常把现金流量贴现法作为企业价值评估的首选方法，在评估实践中也得到了大量的应用，并且已经日趋完善和成熟。

现金流贴现模型（DCF）可以用下式来表示：

$$P = \sum_{t=1}^{n} \frac{CF_t}{(1+r)^t} = \frac{CF_1}{1+r} + \frac{CF_2}{(1+r)^2} + \frac{CF_3}{(1+r)^3} + ... + \frac{CF_n}{(1+r)^n}$$

上式中：P 表示企业的评估值，n 表示资产（企业）的寿命，CF_t 表示资产（企业）在 t 时刻产生的现金流，r 反映预期现金流的折现率。

让我们从一个实例开始，假设白鸽集团去年的自由现金流是 500 万元，销售前景不错，通过一番研究，我们认为它的自由现金流在未来 5 年会以每年 15% 的增幅增长，但是因为竞争会变得激烈，所以 5 年后它的自由现金流增长速度降为 5%。

根据以上信息，我们列出从第 1 年到第 10 年的实际现金流：

去年基数：500.00 万元

第 1 年：500 ×（1+15%）=575 万元

第 2 年：575 ×（1+15%）=661.25 万元

第 3 年：661.25 ×（1+15%）=760.44 万元

第 4 年：760.44 ×（1+15%）=874.50 万元

第 5 年：874.50 ×（1+15%）=1005.68 万元

第 6 年：1005.68 ×（1+5%）=1055.96 万元

第 7 年：1055.96 ×（1+5%）=1108.76 万元

第 8 年：1108.76 ×（1+5%）=1164.20 万元

第 9 年：1164.20 ×（1+5%）=1222.41 万元

第 10 年：1222.41×（1+5%）=1283.53 万元

怎么决定贴现率呢？为了简化起见，我们把股市的股票贴现率的平均值定为短期国债收益率与通货膨胀率之和。其中，短期国债收益率大约为 5%，它也就是所谓无风险的收益率。同时，假设每年的通货膨胀率为 3%，那么贴现率可以取值二者之和，即 8%

该贴现率的取值较为合理，也经常应用于实际的操作中。

那么，如果想计算白鸽集团未来的永久价值，该怎么办呢？

由于 5 年后它的自由现金流增长速度降为 5%，我们就可以将第 5 年当作一个分界点，分别计算它的自由现金流贴现值：

	第1年	第2年	第3年	第4年	第5年	……	第n年
自由现金流（万元）	$\dfrac{575}{1+8\%}=532.4$	$\dfrac{661.25}{(1+8\%)^2}=566.92$	$\dfrac{760.44}{(1+8\%)^3}=603.66$	$\dfrac{874.50}{(1+8\%)^4}=642.79$	$\dfrac{1005.68}{(1+8\%)^5}=684.45$	—	—

由于 5 年后它的自由现金流增长速度降为 5%，在此之后它的自由现金流贴现值可以视为一个等比数列，利用等比数列求和公式，其永续价值可以计算为：

永续价值 =684.45×（1+5%）/（8%-5%）=23955.75（万元）

将其进行贴现，可以得到：

$$23955.25/（1+8\%）^5=16303.88（万元）$$

那么，白鸽自行车集团整体的现金流价值为：

532.4+566.92+603.66+642.79+684.45+16303.88=19334.1（万元）

假设白鸽自行车集团是上市公司，它的总股本数为 2000 万，那么其内在价值可以计算为：

内在价值 = 19334.1（万元）/ 2000 万 = 9.67（元）

以上方法就是世界上最流行的现金流量贴现法。运用该方法可以计算出当前该股的价格是被高估还是低估，这样，我们就可以立于不败之地。

三、还原巴菲特购买中石油和比亚迪案例

众所周知，巴菲特之所以被称为股神，肯定在投资方面有一些独特的绝招。而如何对股票进行精确估值，则是巴菲特投资的重要法宝之一。

在面对股票估值的时候，巴菲特给出了建议，即化复杂为简约！巴菲特认为，所谓公司价值，是一家公司在其余下寿命里所能产生的现金流量的折现值；内在价值只是一个估计值，不是精确值，而且还是一个利率或者现金流量改变时必须更改的估计值。巴菲特还强调，"内在价值为评估投资和企业的相对吸引力提供了唯一合符逻辑的手段"。因此，企图精确估值是很难做到的。

在具体估值方法上，巴菲特认同 John Burr Williams 的《投资价值理论》中的折现现金流量法。巴菲特在 2000 年的年报中引用《伊索寓言》的"一鸟在手胜过二鸟在林"的说法，本意是说明"确定性最重要"。

（一）巴菲特购买中石油 H 股

2003 年 4 月，巴菲特开始买入中石油，每股约 1.6 港元，最终持股 23.4 亿股，成中石油第二大股东。2007 年 7 月，巴菲特以约 12 港元 / 股价格陆续减持中石油。最终，这笔 4.88 亿美元的投资，赚了约 40 亿美元。

从基本面上看，中国石油是一个绩优蓝筹股，在我国的石油能源战略中起到了重要的作用。近年来，中国石油积极响应国家双碳目标，锚定力争 2030 年左右实现碳 达峰、2060 年左右实现"近零"排放的目标承诺，深化细

化绿色低碳发展战略的实施，2021 年国内天然气产量在油气产量当量占比达到 51.6%，建成投产 39 个新能源项目，推动中国石油从油气供应商向"油气热电氢"综合性能源公司转型、从油气服务商向"油气氢电非"综合能源服务商转型。

按照巴菲特买入中石油每股价格约 1.6 港元计算，当时的每股收益 0.3959 元，可以折合为 0.4296 港元。

从估值方面看，2003 年中石油 H 股的各指标计算如下：

（1）PE：

$$PE= 每股价格 / 每股收益 =1.6/0.4296=3.724$$

从 PE 值可知，当年的中石油 H 股真是地板价！

（2）PEG：

根据东财 Choice 数据库，2003 年中石油 H 股的净利润增长率为 12.66%，那么它的 PEG 值可以通过下式计算：

$$PEG=3.724/（12.66\% \times 100）=0.294$$

从上面 2003 年中石油 H 股 PEG 值看，该股票在长期具有较强的投资价值。

（3）PB：

图 3-7 是 2003 年中石油 H 股的每股净资产，从图中可知，由于 2003 年中石油 H 股的每股净资产为 2.0282 元，那么它的 PB 可以通过下式计算：

$$PB= 每股市价 / 每股净资产 =1.6/2.0282=0.78$$

原始币种		币种	2005年年报 人民币	2004年年报 人民币	2003年年报 人民币
每股收益EPS(基本)(元)		900	-	-	-
每股收益EPS(稀释)(元)		900	-	-	-
每股收益EPS(TTM)(元)		945	0.7450	0.5854	0.3959
每股净资产(元)		771	2.8789	2.4184	2.0282
每股经营现金流量(元)		066	1.1389	0.7809	0.7895
每股现金流量净额(元)		807	0.3866	0.0004	0.0567
每股营业收入(元)		486	3.0847	2.2104	1.7277
每股净资产(最新股本摊薄)(元)		055	2.8160	2.3233	1.9485
每股经营现金净流量(TTM)(元)		066	1.1389	0.7809	0.7895
每股现金流量净额(TTM)(元)		807	0.3866	0.0004	0.0567

图3-7　2003年中石油H股的每股净资产

第三章　股票估值的有效方法 / 075

由于市净率越低意味着投资风险越小，市净率越高意味着风险较大，盈利空间较小，因此 2003 年中石油 H 股的市净率非常低，股价跌破了净资产（1.6 ＜ 2.0282）!

（4）ROE：

	2005年年报	2004年年报	2003年年报
经营溢利(计算)(元)	04,696,000,000.00	-50,021,000,000.00	-59,568,000,000.00
应占联营公司溢利(元)	2,401,000,000.00	1,824,000,000.00	985,000,000.00
财务成本(元)	-838,000,000.00	-1,196,000,000.00	-1,669,000,000.00
影响税前利润的其他项目(元)	96,955,000,000.00	196,534,000,000.00	158,574,000,000.00
税前利润(元)	93,822,000,000.00	147,141,000,000.00	98,322,000,000.00
所得税(元)	54,180,000,000.00	-42,563,000,000.00	-28,072,000,000.00
影响净利润的其他项目(元)	-6,280,000,000.00	-1,651,000,000.00	-636,000,000.00
净利润(元)	33,362,000,000.00	102,927,000,000.00	69,614,000,000.00
本公司拥有人应占净利润(元)	33,362,000,000.00	102,927,000,000.00	69,614,000,000.00
非控股权益应占净利润(元)	6,280,000,000.00	1,651,000,000.00	636,000,000.00

图3-8　2003年中石油H股的净利润

股本结构

| 时间范围 | 今年 | 去年 | 近两年 | 近三年 | 近五年 | 全部 | | 股 ▾ | □隐藏币种和面值 | | ⇅时间排序 |

● 香港普通股　● 内地上市股　　　● 流通A股　● 限售A股　　　　● 流通B股　　● 限售B(股)　　● 非上市流通

变动日期	2007-11-05	2005-09-15	2000-04-07
公告日期	2007-10-21	2005-09-16	2000-03-27
上市日期	2007-11-05	2005-09-15	2000-04-07
变动类型	增发,其他	股份期权,配售	新股上市
股本变动说明	增发 A股4,000,000,000股,其...	配售 2877121818股H股,股份...	新股上市 17582418000股H股
普通股法定股本(股)	-	-	-
∨已发行普通股(股)	183,020,977,818	179,020,977,818	175,824,176,000
香港普通股(股)	21,098,900,000	21,098,900,000	17,582,418,000

图3-9　2003年中石油H股的股本

图 3-8 是 2003 年中石油 H 股的净利润，图 3-9 是 2003 年中石油 H 股的股本，由此可以求出中石油 H 股的每股净利润为 69614000000/17582418000=3.959

那么它的 ROE 可以通过下式计算：

ROE= 每股净利润 / 净资产 ×100% =3.959/2.0282 ×100%=195%

从 2003 年中石油 H 股的 ROE 指标看，其 ROE 指标远远高于 15%，的确是非常好的投资标的!

综合而言,从 2003 年中石油 H 股的 PE、PEG、PB、ROE 等各方面指标看,当年石油 H 股股价跌破了净资产,各方面指标也非常良好,是非常不错的投资标的。当然,在 2007 年中国股市出现大幅上涨之后,其估值出现了偏高的趋势,巴菲特将其卖出,也在情理之中。

(二)巴菲特购买入比亚迪 H 股

巴菲特 2008 年 9 月以 8 港元 / 股买入比亚迪股份 2.25 亿股,一直持有。买入之后很快涨了好多倍,后面过了大概五六年又跌回原形。但巴菲特一直没卖过,直到 2022 年开始减持。

比亚迪股份有限公司主要从事二次充电电池业务、手机部件及组装业务,以及包含传统燃油汽车及新能源汽车在内的汽车业务,同时利用自身的技术优势积极拓展新能源产品领域的相关业务的公司。公司是全球领先的二次充电电池制造商之一,还是全球最具竞争能力的手机部件及组装业务的供应商之一。公司可以为客户提供垂直整合的一站式服务,设计并生产外壳、键盘、液晶显示模组、摄像头、柔性线路板、充电器等手机部件,并提供整机设计及组装服务。整体而言,比亚迪股份有限公司是业绩非常好的价值蓝筹股票。

按照巴菲特买入比亚迪 H 股每股价格约 8 港元计算,当时的每股收益 0.5 元,可以折合为 0.5421 港元。

从估值方面看,2008 年比亚迪 H 股的各指标计算如下:

(1)PE:

$$PE= 每股价格 / 每股收益 =8/0.5421=14.75$$

从 PE 值可知,当年的比亚迪 H 股估值不高,尤其是经历了 2008 年金融危机之后,其投资价值凸显。

(2)PEG:

根据东财 Choice 数据库,2008 年比亚迪 H 股的净利润增长率为 22.86%,那么它的 PEG 值可以通过下式计算:

$$PEG=14.75/（22.86\%×100）=0.645$$

从上面 2003 年比亚迪 H 股 PEG 值看，该股票在长期具有较强的投资价值。

（3）PB：

图 3-10 是 2003 年比亚迪 H 股的每股净资产，从图中可知，由于 2008 年比亚迪 H 股的每股净资产为 3.8767 元，那么它的 PB 可以通过下式计算：

$$PB= 每股市价 / 每股净资产 =8/3.8767=2.064$$

		2010年年报	2009年年报	2008年年报
原始币种	民币	人民币	人民币	人民币
每股收益EPS(基本)(元)	5000	1.1100	1.7700	0.5000
每股收益EPS(稀释)(元)	5000	1.1100	1.7700	-
每股收益EPS(TTM)(元)	5882	1.1091	1.6674	0.4981
每股净资产(元)	9735	8.1141	7.3326	5.5049
每股经营现金净流量(元)	5422	1.3797	5.2816	0.8860
每股现金流量净额(元)	7637	-0.1585	0.2625	-1.8517
每股营业收入(元)	5730	20.5201	17.3484	13.0668
每股净资产(最新股本摊薄)(元)	2564	6.3413	5.7305	3.8767
每股经营现金净流量(TTM)(元)	5422	1.3797	5.2816	0.8860
每股现金流量净额(TTM)(元)	7637	-0.1585	0.2625	-1.8517

图3-10　2008年比亚迪H股的每股净资产

从比亚迪 H 股的每股净资产数值看，其数值并不高，意味着该股风险较小，盈利空间较大。

（4）ROE：

图 3-11 是 2008 年比亚迪 H 股的净利润，图 3-12 是 2008 年比亚迪 H 股的股本。由此可以求出中石油 H 股的每股净利润为 1611711000/915000000=1.761

那么它的 ROE 可以通过下式计算：

$$ROE= 每股净利润 / 净资产 ×100\% =1.761/3.8767×100\%=45.4\%$$

从 2008 年比亚迪 H 股的 ROE 指标看，其 ROE 指标也远远高于 15%，的确是非常好的投资标的！

综合而言，从 2003 年比亚迪 H 股的 PE、PEG、PB、ROE 等各方面指标看，各方面指标较为良好，是非常不错的投资标的。当然，在 2021 年中国股市的白酒、新能源板块出现大幅上涨之后，其估值出现了偏高，巴菲特选择落袋为安、减持该股，这是一个非常典型的价值投资的案例。

		2011年年报	2010年年报	2009年年报	2008年年报	2007年年报
应占联营公司溢利(元)		-5,815,000.00	0.00	0.00	0.00	0.00
应占合营公司溢利(元)		7,022,000.00	25,554,000.00	0.00	0.00	0.00
财务成本(元)		-742,262,000.00	-281,383,000.00	-255,388,000.00	-491,945,000.00	-388,421,000.00
影响税前利润的其他项目(元)		301,221,000.00	353,679,000.00	389,623,000.00	359,098,000.00	0.00
税前利润(元)		1,727,484,000.00	3,142,267,000.00	4,508,983,000.00	1,363,972,000.00	1,742,880,000.00
所得税(元)		-132,408,000.00	-223,677,000.00	-430,543,000.00	-88,323,000.00	-40,551,000.00
影响净利润的其他项目(元)		0.00	0.00	0.00	0.00	0.00
净利润(元)		1,595,076,000.00	2,918,590,000.00	4,078,440,000.00	1,275,649,000.00	1,702,329,000.00
本公司拥有人应占净利润(元)		1,384,625,000.00	2,523,414,000.00	3,793,576,000.00	1,021,249,000.00	1,611,711,000.00
非控股权益应占净利润(元)		210,451,000.00	395,176,000.00	284,864,000.00	254,400,000.00	90,618,000.00
股息(元)		0.00	0.00	0.00	0.00	701,350,000.00
每股股息(元)		0.0000	0.0000	0.0000	0.0000	0.0000
基本每股收益(元)		0.6000	1.1100	1.7700	0.5000	2.9900
稀释每股收益(元)		0.6000	1.1100	1.7700	0.0000	0.0000
其他全面收益(元)		0.00	0.00	0.00	0.00	0.00
全面收益总额(元)		0.00	0.00	0.00	0.00	0.00
本公司拥有人应占全面收益总额(元)		0.00	0.00	0.00	0.00	0.00
非控股权益应占全面收益总额(元)		0.00	0.00	0.00	0.00	0.00

图3-11　2008年比亚迪H股的净利润

变动日期	2021-11-08	2021-01-28	2016-07-25
公告日期	2021-11-08	2021-01-28	2016-07-25
上市日期	2021-11-08	2021-01-28	2016-07-25
变动类型	配售	配售	增发
股本变动说明	配售 50,000,000股H股	配售 133,000,000股H股	增发 252,142,855股
普通股法定股本(股)	-		
已发行普通股(股)	2,911,142,855	2,861,142,855	2,728,142,855
香港普通股(股)	1,098,000,000	1,048,000,000	915,000,000
香港普通股面值	1.0000	1.0000	1.0000

图3-12　2008年比亚迪H股的股本

第四章

价值投资实战案例

一、不同经济周期下市场和行业变化规律

（一）经济周期如何影响股市

经济周期也称商业周期、景气循环，它一般是指经济活动沿着经济发展的总体趋势所经历的有规律的扩张和收缩。经济周期包括衰退、萧条、复苏和繁荣四个阶段，一般说来，在经济衰退时期，股票价格会逐渐下跌；到萧条时期，股价跌至最低点；而经济复苏开始时，股价又会逐步上升；到繁荣时，股价则上涨至最高点。这种变动的具体原因是，当经济开始衰退之后，企业的产品滞销，利润相应减少，促使企业减少产量，从而导致股息、红利也随之不断减少，持股的股东因股票收益不佳而纷纷抛售，使股票价格下跌。当经济衰退已经达到经济萧条时，整个经济生活处于瘫痪状况，大量的企业倒闭，股票持有者由于对形势持悲观态度而纷纷卖出手中的股票，从而使整个股市价格大跌，市场处于萧条和混乱之中。经济周期经过最低谷之后又出现缓慢复苏的势头，随着经济结构的调整，商品开始有一定的销售量，企业又能开始给股东分发一些股息红利，股东慢慢觉得持股有利可图，于是纷纷购买，使股价缓缓回升；当经济由复苏达到繁荣阶段时，企业的商品生产能力与产量大增，商品销售状况良好，企业开始大量盈利，股息、红利相应增多，股票价格上涨至最高点。

应当看到，经济周期影响股价变动，但两者的变动周期又不是完全同步的。通常的情况是，不管在经济周期的哪一阶段，股价变动总是比实际的经济周期变动要领先一步。即在衰退以前，股价已开始下跌，而在复苏之前，股价已经回升；经济周期未步入高峰阶段时，股价已经见顶；经济仍处于衰退期间，股市已开始从谷底回升。这是因为股市股价的涨落包含着投资者对经济走势变动的预期和投资者的心理反映等因素。

图 4-1 是 1948～1982 年美国经济和股市的周期走势，可以看到，两者是不完全同步的。

股市高峰与经济高峰的时差			股市低谷与经济低谷的时差		
1948.06	1948.07	1	1949.06	1949.10	4
1953.01	1953.02	2	1953.09	1954.08	11
1956.07	1957.02	6	1957.12	1958.05	5
1959.07	1960.02	6	1960.10	1961.02	4
1968.10	1969.01	3	1970.06	1970.11	5
1973.01	1973.03	2	1974.10	1975.03	6
1979.10	1980.01	3	1980.03	1980.07	4
1981.02	1981.07	5	1982.08	1982.11	3
平均时差为3.5个月			平均时差为5.25个月		

图4-1　1948～1982年美国经济和股市的周期走势

根据经济周期来进行股票投资的策略选择是：衰退期的投资策略以保本为主，投资者在此阶段多采取持有现金和短期存款等形式，避免衰退期的投资损失，以待经济复苏时再适时进入股市；而在经济繁荣期，大部分产业及公司经营状况改善和盈利增加时，即使是不懂股市分析而盲目跟进的散户，往往也能从股票投资中赚钱。

当然还是有例外现象发生。例如，一般情况是企业收益有希望增加或由于企业扩大规模而希望增资的景气的时段，资金会大量流入股市。但会出现，萧条时期，资金不是从股市流走，而是流进股市，尤其在此期间，政府为了促进景气而扩大财政支付，公司则因为设备过剩，不会进行新的投资，因而拥有大量的闲置货币资本，一旦这些资本流入股市，则股市的买卖和价格上升就与企业收益无关，而是带有一定的投机性。

此外，投资股票除了要洞悉整个大市场趋势外，还要了解不同种类的股票在不同市况中的表现，有的股票在上涨趋势初期有优异的表现，如能源、机械、电子设备等类的股票；有的却能在下跌趋势的末期发挥较强的抗跌能力，如公用事业股、消费弹性较小的日用消费品类别的股票。总之，投资者还应该考虑各类股票本身的特性，以便在不同的市况下作出具体选择。

（二）与股市波动关联度最高的经济指标

在实践中，有一些与股市波动关联度最高的经济指标，这主要通过计量经济学的方法计量相关指数来验证。

1.货币供应量指标

货币供应量指标是以弗里德曼为代表的现代货币主义极力主张采用的货币政策中介指标。他们的理由是：一是，货币供应量的变动能直接影响经济活动；二是，货币供应量及其增减变动能够为中央银行所控制；三是，货币供应量与货币政策联系最为直接，货币供应量的增减，表示货币政策的松紧；四是，货币供应量作为指标不易将政策性效果与非政策性效果相混淆，因而具有准确性。

由于货币供应量是一个多层次的概念，因此，以货币供应量为指标，还必须确定以哪一层次的货币量为指标。各国做法不一，但从发展趋势看，越来越多的国家把控制重点从通货（M1）转向现金（M0）。以货币供应量为指标也有几个问题需要考虑：一是中央银行对货币供应的控制能力；二是货币供应量的传导时滞问题；三是货币供应量与最终目标的关系。但从衡量的结果看，货币供应量是一个性能较为良好的指标。

按照中国人民银行对货币的分类方法，M0 是现金，M1 是 M0 和活期存款的总和，M2 是 M1 和定期存款的总和。虽然不是完全准确，但我们可以大致将 M1 理解为居民和企业手中可随意支配的现金，也即通货；M2 与 M1 的差值是居民和企业的储蓄存款。两者的比例，即通货与储蓄之比，是一个反映居民和企业部门对货币偏好的指标，通货与储蓄之比上升时说明大家偏好通货减少了储蓄，反之则偏好储蓄减少了通货。

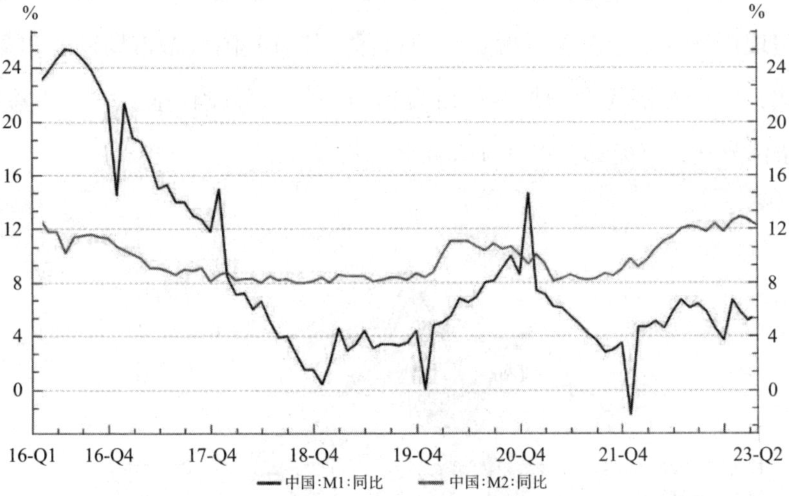

图4-2 2016年1季度～2023年2季度M1和M2同比增速

（数据来源：wind数据库）

图4-2是2016年1季度～2023年2季度M1和M2的同比增速，由此可知，M1的波动相对较为剧烈，M2的波动相对较为平缓。在这两种货币供应量指标中，与上证指数最相关的是M1增长率。根据计量经济学的方法，我们测算的M1增长率与上证指数相关度大约为0.26，而M1增长率与上证指数相关度低于0.2。因此，在所有的货币供应量指标中，我们更看重M1增长率的变

084　发现价值：价值投资实战指南

化趋势。

2. 社会融资规模

社会融资规模是全面反映金融与经济关系以及金融对实体经济资金支持的总量指标。社会融资规模是指一定时期内（每月、每季或每年）实体经济从金融体系获得的全部资金总额，是增量概念。这里的金融体系为整体金融的概念，从机构看，包括银行、证券、保险等金融机构；从市场看，包括信贷市场、债券市场、股票市场、保险市场以及中间业务市场等。具体看，社会融资规模主要包括人民币贷款、外币贷款、委托贷款、信托贷款、未贴现的银行承兑汇票、企业债券、非金融企业境内股票融资、保险公司赔偿、投资性房地产和其他金融工具融资十项指标。随着我国金融市场发展和金融创新深化，实体经济还会增加新的融资渠道，如私募股权基金、对冲基金等。未来条件成熟，可能都会将其计入社会融资规模。

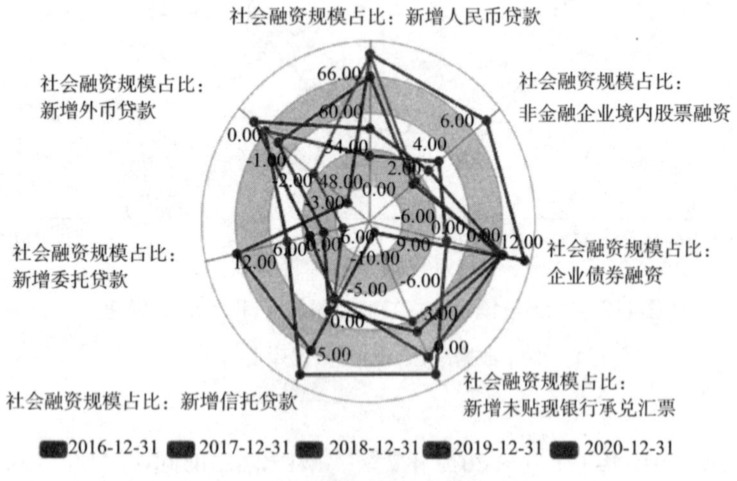

图4-3　社会融资规模包含的各类指标

（数据来源：wind数据库）

图 4-3 是社会融资规模包含的各类指标，从时间节点看主要涉及 2016 ~ 2020 年。从图中可以看到，社会融资规模包含的各类指标主要包括新增外币

贷款、新增委托贷款、非金融企业境内股票融资、企业债券融资和新增未贴现银行承兑汇票等。

3. 房地产周期

房地产周期是指房地产经济水平起伏波动、循环的经济现象，表现为房地产业在经济运行过程中交替出现扩张与收缩两大阶段，复苏—繁荣—衰退—萧条循环往复的四个环节。根据特维德《逃不开的经济周期》的说法，房地产周期是所有周期之母，原因在于房地产在所有行业中的市值最大，它的财富效应最大，很值得研究。

房地产周期与经济周期、金融条件、人口增长、移民周期等息息相关，因此一些学者从宏观视角去理解房地产周期。这些研究包括：经济周期、利率周期、人口和劳动力周期、移民周期等。

从历史上看，工业革命以后才有完全意义的房地产周期。工业革命以来200多年的历史表明，一个完整的房地产周期是18年左右。一般来说，经济周期定义为国民经济整体经济活动随着时间变化而出现扩张和收缩交替反复运动的过程。经济领域的这种有规律的起伏活动是一成不变的，只是波动的形态有差异。房地产经济存在长期均衡的同时也存在波动周期。一般来说，房地产周期分为四个阶段。

（1）复苏与增长阶段：此时，表现为上一轮的萧条使房地产经济陷入长期低迷，自住需求者入市，投资、投机需求基本不存在，价格、租金价格低下。房价开始回升，少数投机者入市，市场交易量增加空置率下降。各种因素带动房价继续缓慢回升，市场充满乐观情绪，投资者信心饱满，市场预期良好，房地产投资转而旺盛。

（2）繁荣阶段：此阶段比复苏阶段要短，巅峰期稍纵即逝。具体表现为：房地产开发量激增、品种增多，投机者活跃，市场投机需求高于自住需求。政府开始出台政策限制炒房，投机热情继续旺盛，自住需求者基本退出市场，实际上已经是有价无市。进而新增投资数量下降，销售难度加大，交易量下降，空置率增加，市场出现悲观情绪，持币观望。

（3）危机与衰退阶段：当投资和投机需求无法转换为消费需求，高房价将真正的自住需求者排斥出市场而仅靠投机资金支持时，就预示着房地产周期的拐点降至——由盛转衰。衰退，即连续两个季度经济将出现负增长。此阶段表现为：交易量萎缩，房地产投资下降，市场悲观情绪加强。受一些突发利空性消息或事件影响，房价急剧下降，炒家惊恐抛售，房地产价格暴跌。进而小开发商纷纷破产，部分在建工程烂尾，大量投机者被套牢，血本无归，房地产业失业人数激增。

（4）萧条阶段：经过急速而又痛苦的危机爆发后，房地产周期进入持续时间相当长的萧条阶段。萧条是一种严重的经济衰退，意味着经济崩溃。表现为：房价和租金持续下降，交易量锐减，空置率居高不下，大量房地产商破产。大萧条末期房地产泡沫挤出，市场正常需求缓慢增长，政府减少限制性干涉，市场波动开始平稳。房地产慢慢过渡到下一个复苏与增长周期。

4. 基钦周期

基钦周期是现代西方经济学关于经济周期性波动的一种理论。它是由美国经济学家约瑟夫·基钦于 1923 年提出的。基钦根据对物价、生产和就业的统计资料的分析，认为市场经济的发展，每隔 40 个月就会出现一次有规律的上下波动。这一理论后被"创新理论"的提出者——经济学家熊彼特吸收，作为他的经济周期理论的一部分，促进了西方经济学的发展。

基钦认为经济周期有大小两种。有些国家的经济周期只有 3～5 年，大周期约包括 2 个或 3 个小周期，小周期平均长度约 40 个月。基钦根据美国和英国 1890 年到 1922 年的利率、物价、生产和就业等统计资料，从厂商生产过多时就会形成存货从而减少生产的现象出发，把这种 2～4 年的短期调整称为"存货"周期，在 40 个月中出现的有规则的上下波动中发现了这种短周期。经济学家熊彼特把这种短周期作为分析经济循环的一种方法，并用存货投资的周期变动和创新的小起伏，特别是能很快生产出来的设备的变化来说明基钦周期。他认为 3 个基钦周期构成一个朱格拉周期，朱格拉周期的长度约为 9 ～ 10 年。18 个基钦周期构成一个康德拉季耶夫周期，康德拉季耶夫周期的长度大约为 50 年。

基钦周期是基于货币利率、物价、生产和就业等统计数据研究发现的，它是一个关于生产存货的周期。基钦周期反映了当时的供需波动，即人们的需求会根据收入与物价等周而复始地波动。

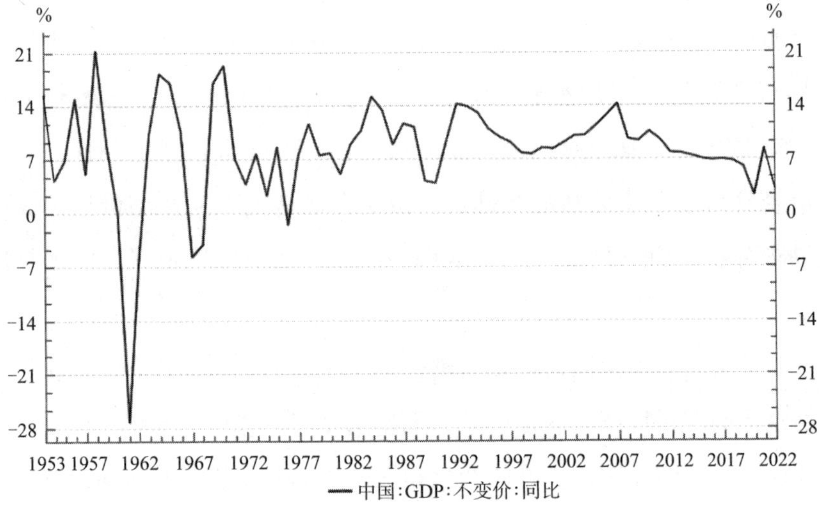

图4-4　1953～2020年我国GDP同比增速

（数据来源：wind数据库）

图 4-4 是 1953 ～ 2022 年我国 GDP 同比增速。从图中可以看到，我国 GDP 同比增速也呈现出 3 ～ 4 年变化的特征，其变化形式与基钦周期较为接近。

（三）不同经济周期下各行业变化规律

一般来说，行业的发展其有一定的经济周期性。有些行业经营状况的变化与经济周期是一致的，有些行业则具有明显的反周期特征，也有部分行业不易受经济周期的影响，属于非周期性行业。周期性行业的经营状况受经济周期影响波动幅度较大，如在经济衰退时，许多企业都会因销售迟缓、成本增加及利率上升等引起利润下降和现金流量短缺问题。

分析行业经济周期规律和经济周期规律时，行业周期和经济周期的时间差异是一个需要注意的问题。如果行业周期超前于经济周期，行业的生产、销售等经营活动可能先经济的繁荣而繁荣，先经济的萧条而萧条。

1. 周期性行业

周期性行业是指国内或国际经济波动相关性较强的行业，其中典型的周期性行业包括大宗原材料，如钢铁、煤炭、有色金属等，还有工程机械、船舶等其他行业。周期性行业的特征就是产品价格呈周期性波动，产品的市场价格是企业盈利的基础。在市场经济情况下，产品价格形成的基础是供求关系，而不是成本，成本只是产品最低价的稳定器，但不是决定的基础。

一般意义上的周期性行业是指资源类、大的工业原材料等，行业的周期性就是经济周期，特征应该是产品的无差别性，品牌相对弱化，公司的竞争主要体现在成本的控制、产能的变化和周期的契合。公司的周期性体现在产能和经济周期的契合程度，公司是产能高速扩张还是在萎缩，产品结构是不是符合本周期的需求，如果这两个周期都能契合，那么这样的公司会高速发展，典型的例子就是石化类中扬子石化、齐鲁石化和吉林石化的对比，以及宝钢、武钢和邯钢的对比，同样的经济周期，前面的公司正好赶上产能大幅增长，产品是市场最需要的，后者则没有。

周期性行业的周期循环常常沿着产业链按一定的顺序依次发生，通常复苏始于汽车、房地产、基础设施建设、机械、装备制造等下游行业，然后传导至化纤、非金属矿制品、有色金属冶炼压延、黑色金属冶炼压延等中游的加工制造业，最后是上游的有色、石油、煤炭、石化等行业。衰退也是从下游行业开始，依次传导至中游、上游行业。历史背景不同，周期循环并非简单的重复，运行规律也不是一成不变，不能简单地套用历史经验进行对周期拐点的判断，而应根据经验具体情况具体分析。

目前，典型的周期性行业包括：钢铁、有色金属、化工等基础大宗原材料行业，水泥等建筑材料行业，工程机械、机床、重型卡车、装备制造等资本集约性领域。当经济高速增长时，市场对这些行业的产品需求也高涨，这些行业所在公司的业绩改善就会非常明显，其股票就会受到投资者的追捧；而当景气低迷时，固定资产投资下降，对其产品的需求减弱，业绩和股价就会迅速回落。此外，还有一些非必需的消费品行业也具有鲜明的周期性特征，如轿车、高档白酒、高档服装、奢侈品、航空、酒店等，因为一旦人们收入增长放缓及对预期收入的不确定性增强，都会直接减少对这类非必需商品的消费需求。金融服务业（保险除外）由于与工商业和居民消费密切相关，也有显著的周期性特征。简单来说，提供生活必需品的行业就是非周期性行业，提供生活非必需品的行业就是周期性行业。

上述这些周期性行业企业构成股票市场的主体，其业绩和股价因经济周期的变化而起落，因此就不难理解经济周期成为主导牛市和熊市的根本原因的道理了。鉴此，投资周期性行业股票的关键就是对于时机的准确把握，如果你能在周期触底反转前介入，就会获得最为丰厚的投资回报，但如果在错误的时点和位置，如周期到达顶端时再买入，则会遭遇严重的损失，可能需要忍受 5 年，甚至 10 年的漫长等待，才能迎来下一轮周期的复苏和高涨。

图 4-5 是 2020 ~ 2023 年沪深 300、石油石化和油价变化幅度。从图中可以看到，在 2020 年 7 月之前，brent 原油价格的降幅较大，与其相关的大炼化六家平均指数也不断走低；在 2020 年 7 月之后，brent 原油价格开始逐步走强，与其相关的大炼化六家平均指数也快速上升，直至 2023 年均维持正收益。

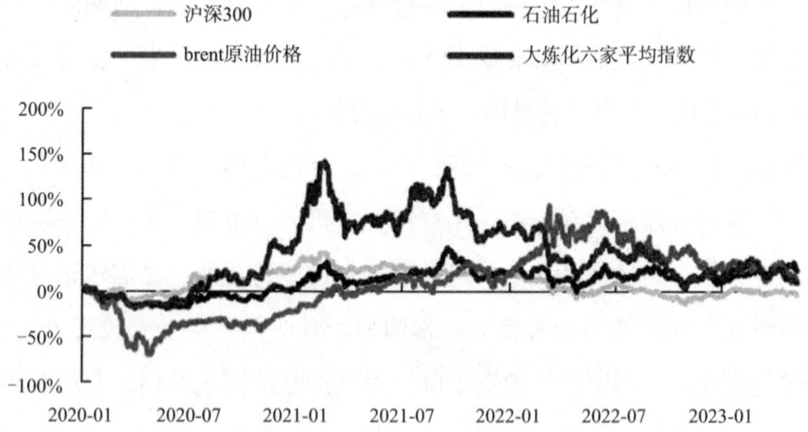

090　发现价值：价值投资实战指南

沪深300　　　　石油石化

brent原油价格　　　大炼化六家平均指数

200%
150%
100%
50%
0%
-50%
-100%
2020-01　2020-07　2021-01　2021-07　2022-01　2022-07　2023-01

图4-5　2020～2023年沪深300、石油石化和油价变化幅度

（数据来源：wind数据库）

　　彼得·林奇认为，周期型公司股票是所有股票类型中最容易被误解的股票，这正是最容易让那些不够谨慎的投资者轻率投资于误认为十分安全的股票类型。因为主要的周期型公司都是些大型的著名公司，因此很自然地容易被投资者将其与那些值得信赖的稳定增长型公司混为一谈。举个例子，由于福特公司的股票是一只蓝筹股，所以人们可能认为它与另一只蓝筹股百时美的股票的股价表现会一模一样，但事实上却并非如此。由于福特公司在衰退时期亏损高达数十亿美元，而在繁荣时期盈利又会高达数十亿美元，公司交替性地大盈大亏使得其股价相应大起大伏，上下波动非常剧烈。在股市不景气或者国民经济衰退时，如果像百时美这样的稳定增长型公司市值损失50%的话，那么像福特这样的周期型公司市值损失则会高达80%，这正是20世纪80年代初期福特公司股票的表现情况。

　　因此，时机选择是投资周期型公司股票的关键，投资者必须能够发现公司业务衰退或者繁荣的早期迹象。如果你在与钢铁、铝业、航空、汽车等有关的行业中工作，那么你就具备了投资周期型公司股票的特殊优势，与其他任何类型的股票投资相比，这种特殊优势在周期型股票投资中尤其重要。

2. 非周期性行业

非周期性行业是指那些不受宏观经济影响的行业，以及服务行业。这些行业不存在特定的周期时间。这些行业往往集中在涉及人类日常消费的行业，例如食品、医药、烟酒类、服装、粮食类、交通运输等，所以这些行业不受宏观经济的影响。

在非周期性行业中，按价值、成长风格分类，股票可以分为三类：价值股、成长股、消费股。

值得投资的股票也只有三种：典型的价值股、典型的成长股、典型的消费股。

典型的价值股是大市值、高 ROE、低估值股票；典型的成长股是小市值、轻资产、高毛率股票；典型的消费股是高 ROE 消费龙头股。这些主要存在于品牌消费和医疗保健行业。

从投资特征看，非周期性行业中的消费股可以长期持有，例如巴菲特长期持有可口可乐、雅培、喜诗糖果，这些都给他带来了丰厚的收益。

二、行业分析

（一）酿酒行业

酿酒行业从属于轻工业，在食品工业中属于食品制造业范畴，在国民经济发展中占据重要地位。

酿酒行业中的白酒、啤酒、葡萄酒等，都是大众日用消费品，与人们日常生活息息相关。该类产品需求弹性不高，终端消费者的消费心理、行为倾向、消费习惯等因素往往对其供求关系起决定性的作用。此外，该类产品生产成本通常较低，生产企业通常运用"文化"的概念来提升产品的价值以及创立品牌美誉度。

目前的时代是一个基于理性思维的时代，消费需求的个性化色彩将越来越明显。从供应链管理的角度看，大量生产将转向定制化大量生产，也就是说企业从以前为降低成本而大批量生产，转向根据顾客特殊需要生产产品，但依然保持低成本运作。酿酒属于一种个性化消费品，人们的心理、文化上的差异导致了消费习惯和口味倾向的多样性，因此从消费者的角度去理解产品价值便尤为重要。企业竞争优势来源于各企业在产业链各环节上的差异。从行业生产的一般形式"获取原料—生产加工—市场营销"来看，酿酒工业技术含量不高，生产设备多为引进，因此在"生产加工"环节企业间基本不存在比较优势。酒的个性化风味基本上取决于原料的迥异，虽然在采购来源、采购成本等方面也可以有所区别，但原料的差异化大多来源于自然禀赋，而自然禀赋往往是不可替代的。例如，酿造茅台酒的独特自然环境和微生物；酿造青岛啤酒的水源；酿葡萄酒在每地都会因气候和土壤等不同而出现品质差异并直接导致葡萄酒风味的差别。因此，酒类企业竞争力较为集中在"市场营销"环节。追溯酿酒企业的生产发展史，它们的市场化程度普遍较低。从这个意义上说，酒类企业更应该注重现代营销方式的建立，培育核心竞争力。

1. 白酒

白酒业属于低生产成本、高附加值的劳动密集型行业，在国民经济体系中起着重要的作用。白酒生产原料和辅助原料大部分直接来于农业，可促进农业发展；生产后的副产品酒糟，是畜牧业的好饲料，可以促进畜牧业发展，既为国家增加肉、畜产品，又可提供大量的有机肥料，反过来有效地支援了农业。

白酒是我国特有的蒸馏酒，以粮谷为主要原料，用大曲、小曲或麸曲等糖化发酵剂，经蒸煮、发酵、蒸馏而制成的酒精饮料。白酒在我国有着悠久的酿造历史，与白兰地、威士忌、伏特加、朗姆酒和金酒并称为世界六大蒸馏酒。白酒可以分为固态法白酒、液态法白酒和固液法白酒三类。目前，我国高端白酒生产多采用固态法工艺，中低端白酒生产多采用液态法、固液法工艺。

白酒市场主要产品按照不同价格档次，分为高端型、次高端型、中端型和低端型四种。其中，高端型产品价格 >500 元 /500 毫升，次高端型产品价格在 300 ～ 500 元 /500 毫升，中端型产品价格 100 ～ 300 元 /500 毫升，低端产品价格 < 100 元 /500 毫升。白酒尤其是中高端白酒，具备典型的社交面子属性，即代表性的精神消费。受益于消费升级以及历史文化的因素，高端白酒品牌在消费者心中逐步形成清晰排序和定位。因此高端白酒在白酒市场占据重要的市场地位。

高端白酒具有如下优势：

品牌是无形资产重要组成部分，通过影响消费者和经销商的黏性，进而传导到企业的盈利上。对消费者而言，品牌的知名度、美誉度，很大程度上决定了消费者及潜在客户的购买行为及复购率，进而影响到企业的营业收入和利润。高端白酒必须经历时间的洗礼，是大众消费者用长期购买行为投票选出来的，属历史赋能。白酒行业进入调整期以来，以贵州茅台、五粮液和泸州老窖为代表的名优企业凭各自优势，在行业内站稳脚跟。根据数据显示，2019年，我国高端白酒行业市场规模约为1011亿元，根据预测，未来高端白酒产品领域仍有显著增长潜力，至2029年，高端白酒行业市场规模将达到1600亿元。

在市场方面，高端白酒供不应求，受产能限制，茅台、五粮液和泸州老窖的高端白酒新增产量加起来，还是满足不了新增需求，每年的高端白酒供需都存在缺口，这导致高端白酒企业有提价空间而不影响销量，收入利润连年增长。根据数据显示，2019年，在高端白酒市场竞争中，53度飞天茅台的市场份额占比最高，达42%；其次是52度五粮液，市场份额占比达31%。在成本方面，白酒原料同样是粮食和水，而高端白酒茅台、五粮液、泸州老窖等原料成本与产品比重可忽略不计，毛利率可以达到90%左右。

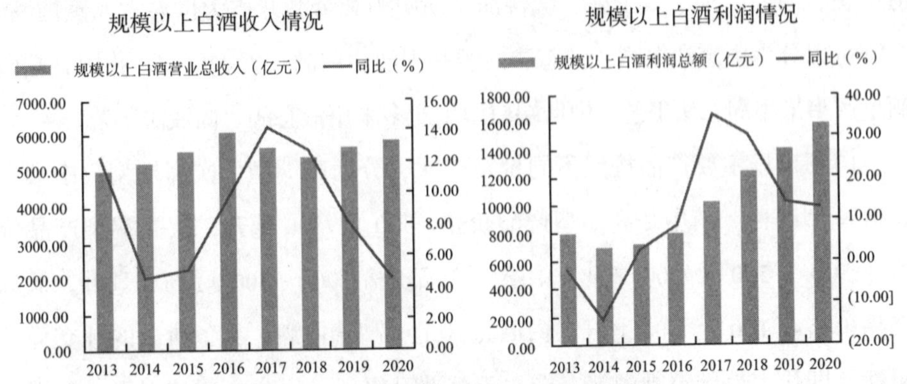

图4-6 我国高端白酒行业市场规模

（数据来源：中国酒业协会）

图 4-6 是 2013 ～ 2020 年我国高端白酒行业市场规模。从数据上看，2020 年白酒行业虽受疫情影响，白酒产业经济发展也相应放缓，最终实现了逆势增长，充分体现了白酒产业的抗风险能力。具体来看：一是产销稳中微降；二是效益进中向好；三是格局不断优化，市场份额逐渐向头部企业集中。2020 年规模以上白酒企业数量为 1040 家，同比减少 136 家，表明规模酒企盈利能力稳步增强，白酒行业市场集中度进一步提升，消费升级持续推动白酒行业价值增长，行业高质量发展趋势持续向好。

从基本面看，近年来，五粮液公司也实现了较快发展。五粮液将持续通过直营渠道示范作用和标杆作用，引领和强化消费者对五粮液品牌价值认知；同时，优化传统渠道，基于数字化营销体系建设进行费用的科学精准投放；积极拓展创新渠道，持续加大线上电商、新零售渠道的拓展，加强直面消费者的品牌推广和消费者培育。

在品牌及产品端，第八代五粮液进一步站稳千元价格带，公司积极培育五粮春、尖庄等五粮浓香产品，坚定高端化经典五粮液建设，重点聚焦品牌价值提升和消费者培育。

针对文化酒方面，五粮液加大文化定制产品体系建设，有利于进一步持续提升品牌力。渠道方面，五粮液近年来依托数字化营销体系持续优化传统渠道，2022 年抗风险能力尤为凸显，同时加大团购、新零售等渠道建设实现进一步消费者触达。为配合市场的开拓，目前五粮液正开足马力，高效推进重大工程项目建设，为加快建设世界一流酒企夯基固本、蓄势勃发。同时，五粮液全力推进一批既利当前又奠基长远的重大项目建设，包括 30 万吨陶坛陈酿酒库一期项目投产、10 万吨生态酿酒一期项目开工建设、技改挖潜扩能项目如期建设完工并投窖生产等。

通过上述发展规划和制度建设，五粮液公司的基本面变得更加扎实可靠。

2. 啤酒

啤酒是指以麦芽（包括特种麦芽）为主要原料，加啤酒花，经酵母发酵酿制而成，含二氧化碳、起泡、低酒精度的发酵酒产品。啤酒的分类有很多，通常有三种方法：一是根据生产工艺的灭菌情况分为生啤、熟啤，其中生啤又可分为混生啤酒和纯生啤酒；二是根据色泽分为黄啤酒（淡色啤酒）和黑啤酒（浓色啤酒）；三是根据麦芽汁浓度分为高、中、低浓度型三种。

从企业发展看，我国啤酒企业基本遵循了"外延式规模扩张和内涵式业绩增长"的发展策略。通过外部并购活动，迅速获得当地市场渠道资源和啤酒品牌等无形资产，占领啤酒消费市场，并通过加强生产管理、质量控制，逐步培育和扩大市场份额，提高产品质量和档次，从而获得更高的投资回报。

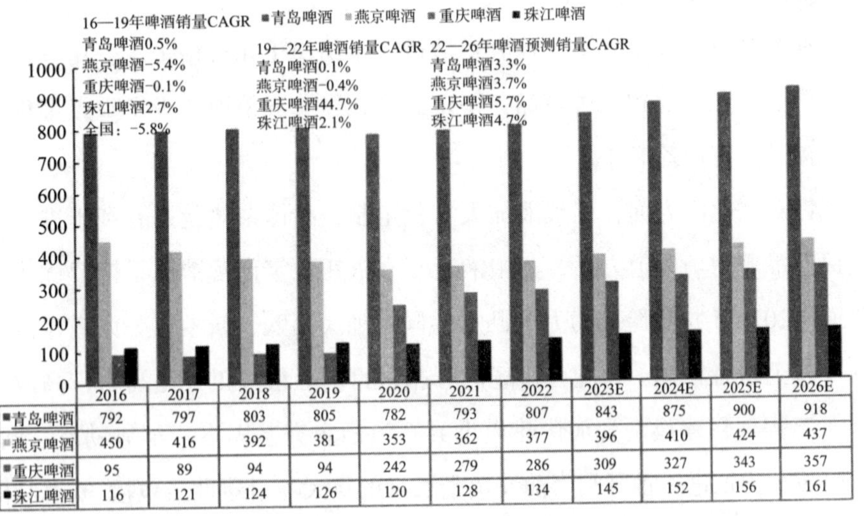

	2016	2017	2018	2019	2020	2021	2022	2023E	2024E	2025E	2026E
青岛啤酒	792	797	803	805	782	793	807	843	875	900	918
燕京啤酒	450	416	392	381	353	362	377	396	410	424	437
重庆啤酒	95	89	94	94	242	279	286	309	327	343	357
珠江啤酒	116	121	124	126	120	128	134	145	152	156	161

图4-7　2018～2026年我国主要啤酒企业销量走势和预测

（数据来源：wind数据库、申港证券）

图4-7是2018～2026年我国主要啤酒企业销量走势和预测。从图中可以看到，随着消费升级、各地气温普遍上升，我国主要啤酒企业销量也将呈

现出不断上升的走势。

以青岛啤酒的发展历程来看：1994年，青岛啤酒以承债式收购扬州啤酒市场全部资产的探索扩张方式开始，至2023年纷纷收购当地强势品牌、占领市场资源，我国啤酒市场就是一个"地方强势品牌扩张、发展至区域性乃至国际性品牌后进一步并购强势品牌"的发展历程。

3. 葡萄酒

葡萄酒是以葡萄为原料酿造的一种果酒。葡萄酒的品种很多，因葡萄的栽培、葡萄酒生产工艺条件的不同，产品风格各不相同。按照我国最新的葡萄酒国家标准GB 15037—2006规定，葡萄酒是以鲜葡萄或葡萄汁为原料，经全部或部分发酵酿制而成的，酒精度不低于7.0%的酒精饮品。

按酒的颜色，葡萄酒可以分为以下几类：

（1）白葡萄酒：用白葡萄或皮红肉白的葡萄分离发酵制成。酒的颜色微黄带绿。

（2）红葡萄酒：采用皮红肉白或皮肉皆红的葡萄经葡萄皮和汁混合发酵而成。酒色呈自然深宝石红、宝石红、紫红或石榴红。

（3）桃红葡萄酒：用红葡萄带皮发酵或分离发酵制成。酒色为淡红、桃红、橘红或玫瑰色。这一类葡萄酒在风味上具有新鲜感和明显的果香，含糖量不宜太高。玫瑰香葡萄、黑比诺、佳利酿、法国蓝等品种都适合酿制桃红葡萄酒。另外，以红、白葡萄酒按一定比例勾兑也可算是桃红葡萄酒。

随着消费大时代的到来，以互联网为核心的新技术驱动，主流消费人群的变化，使中国人的饮用酒种正在切换，葡萄酒已经成为中高端场合的第一大酒种。预计在未来10年，中国葡萄酒消费量将突破2000亿。

（二）医药行业

医药股一直是二级市场投资者长期关注的品种，行业细分板块较多。如果按照产业链进行划分的话，它可以分成三块，第一块是医药研发制造业，第二块是医药流通行业，第三块是医疗服务行业。

1. 医药制造业

医药制造业是指原料经物理变化或化学变化后成为新的医药类产品的过程，包含通常所说的中西药制造、兽用药品以及医药原药及卫生材料。

医药制造业如果按照制药的方法和原料分，主要可以分为化学制药行业、生物制药行业和中成药制药行业三个子行业。其中生物医药产业是一种知识密集、技术含量高、多学科高度综合和相互渗透的新兴产业，其所需的高投入、高技术及其所具有的高风险特性使该行业具有较高的进入壁垒。我国生物技术的研究起步较晚，但从一开始就受到国家的高度重视。我国生物技术已有了相当程度的发展，2018年销售额223亿元，占医药制造业8%。但从总体上看，我国的生物制药在资金投入、新药开发能力和技术水平上还落后于欧美发达国家，生物制药的产业化水平很低。化学制药行业在我国是相对成熟的，是我国制药行业中的主力军，但是由于我国化学制药主要以普药为主，技术含量低，其优势尚未彰显。中成药作为我国的瑰宝，2019年我国中成药年销售额578亿元，占医药制造业的21%。在三个子行业中，中成药和生物制药的利润率达11%左右，超出行业利润率2个百分点，化学药利润率较低。造成这种状况的原因主要是化学制药行业的重复建设较为严重，导致行业内竞争激烈，药厂之间竞相压价导致企业利润率降低。相对而言，生物制药由于其资本投入要求高形成一定的进入壁垒，而中成药往往由于其配方多为专有技术，也形成了一定的进入壁垒，所以生物制药和中成药具有相对较高的利润率。此外，化学原料药处于医药行业的上游，它们的议价能力普遍比较弱，体现在财报上就是毛利率普遍较低。

医药制造业也属于类周期性行业，其中包括：①大宗原料药，比较典型的像维生素、抗生素，还有一些大宗的中间体，比如新和成公司、海正药业等。②特色原料药，或者我们称之为比较小众的原料药。

对医药制造业而言，创新是其发展的命脉。该行业的创新动力主要来自两个方面：一是人类健康不断面临着各种新疾病的威胁，医药行业必须不断拓展自身开发的领域；二是细菌和病毒的变异使传统药物的疗效降低，这就促使人类加快药品升级换代的步伐。医药制造业是一个高投入、高回报、高风险的产业。由于该行业一直面临着不断创新的巨大压力，因此医药企业必须加大研究和开发力度。

总体而言，医药制造业属于技术密集型产业，对规模经济要求不是很高，但企业的经济规模对于企业的研发投入、国际竞争力和长期发展都有重大影响。我国过去由于实行地方审批，受地方利益的驱使，各行政区分别审批建立医药生产企业，造成全国的医药企业数量众多，但每个企业的生产规模相对都较小，不能形成规模经济。随着经济水平的提高，这种情况也在不断改善。

2. 医药流通业

经过多年发展，中国药品批发企业数量不断减少，医药流通企业规模不断壮大，市场集中度不断提高，区域经济势头明显。目前，中国药品流通领域有三个环节：药品批发环节、药品零售企业和医院门诊药房。其中，医院门诊药房作为特殊的、具有垄断地位的零售环节，占据了80%以上的药品零售市场份额。这一状况极大地影响了药品流通渠道的发展。新医改试点启动以来，不少地区开始使用"药房托管"模式，医院门诊药房的重要性略有下降。

随着医药流通行业竞争的不断加剧，大型医药流通企业间并购整合与资本运作日趋频繁，国内优秀的医药流通企业愈来愈重视对行业市场的研究，特别是对企业发展环境和客户需求趋势变化的深入研究。正因如此，一大批国内优秀的医药流通品牌迅速崛起，逐渐成为医药流通行业中的翘楚。随着全民医保体系的进一步建立以及基本药物制度、基层运行机制建设和公立医院改革的推进，药品市场需求将出现结构性扩大。同时，按照医改相关政策的要求，药品流通行业改革发展政策将陆续出台，行业主管部门也正在酝酿出台行业管理相关政策和标准，政策和标准的制定与实施将有利于进一步规范和促进行业发展。

近年来，民营流通企业业务发展势头强劲，且经营效率被看好。商务部数据显示，2018年药品流通企业中，国有及国有控股企业主营收入占行业直报企业总收入的59.5%，利润占比则为54.2%；股份制企业主营收入占行业总收入比22.8%，但利润占比达26.8%。同时，医药流通行业结构调整提速，跨区域兼并重组方兴未艾，大企业向二三线城市和基层医疗市场扩张迅速，逐步形成了国药集团、上药集团、华润医药及九州通为代表的全国性药品流通集团。

一方面，随着市场竞争愈发有序化，传统依靠关系获得业务的地方性小型医药流通企业的生存空间将会进一步被压缩，取而代之的是可以为工业企业提供更为全面、优质服务的大型医药流通企业。另一方面，行业盈利能力的下降、政策对大企业的支持等要求将会持续压缩中小型医药流通企业的生存空间，促使没有竞争力的中小型医药流通企业逐步退出。因此，未来医药流通行业集中度有望持续提升。

3. 医疗服务业

医疗服务业是指卫生技术人员遵照执业技术规范提供的照护生命、诊治疾病的健康促进服务，以及为实现这些服务提供的药品、医疗器械、救助运输、病房住宿等服务的行业。照护生命主要是指对生命由孕育到衰亡的自然进程的关照、护卫，如孕期保健、分娩支持、临终关怀、预防保健等；诊治疾病主要是指对人体在受到病因损害后，进行识别，并对出现的功能紊乱或损伤进行调整，以求改善机能、恢复健康的过程。

医疗服务是从日常生活到政策法规、国家发展战略广泛运用的概念。明晰的医疗服务概念是规范医疗机构服务内容，界定医疗服务和各类生命健康保险适用范围，处理医患关系，发展社会健康事业等的需要。在不同语境下，医疗服务的范围有所不同，狭义的医疗服务主要是指医务人员提供的诊治疾病的服务，也可称为临床医疗服务。传统上医疗服务主要是在医院内提供的诊疗、预防、康复等，是从病人就诊，与医院建立服务关系开始，直至治疗终结，痊愈出院或死亡的全过程。现代医疗服务在加强院内医疗服务的同时，重视延伸到院外开展社会医疗服务，包括出院后随访、家庭病床、民众健康教育、疾病普查、社会医疗救助和对口支援、医疗下乡等。

图 4-8 是 2021～2023 年我国医疗服务板块收入情况。从图中可以看到，医疗服务行业整体在 2022 年 1 月至 2022 年底受到了疫情影响，但是从 2023 年 1 月起开始逐步修复，前期积压的治疗需求叠加疫后诊疗需求的恢复，带动 2023 年第一季度业绩的强劲增长。

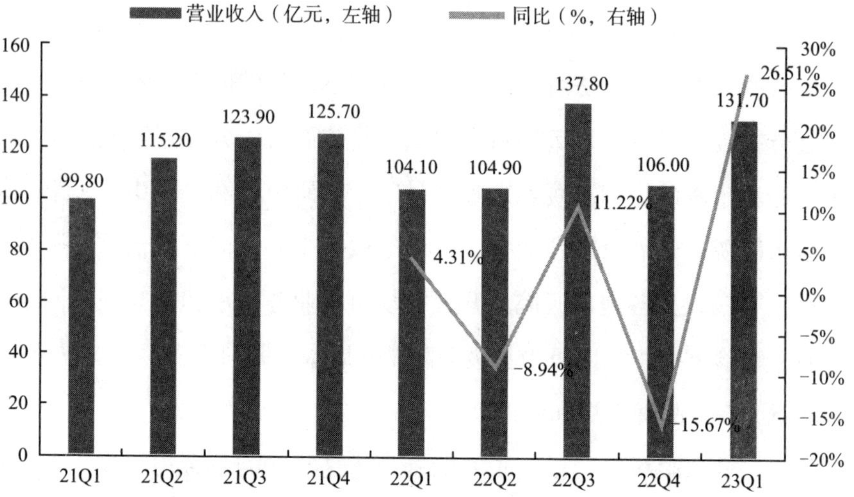

图4-8　2021～2023年我国医疗服务板块收入情况

（数据来源：wind数据库）

图 4-9 是爱尔眼科 2021～2025 年各项财务指标的走势与预测。爱尔眼科是我国最大规模的眼科医疗机构，致力于引进国际一流的眼科技术与管理方法，以专业化、规模化、科学化为发展战略，联合国内外战略合作伙伴，共同推动中国眼科医疗医疗服务和深入的市场推广，使自身的市场影响力和

渗透力得到迅速的提升，也使公司成为具有全国影响力的眼科品牌。

重要财务指标	2021A	2022A	2023E	2024E	2025E
营业总收入（百万元）	15,001	16,110	20,809	26,167	32,416
增长率YoY%	25.9%	7.4%	29.2%	25.8%	23.9%
归属母公司净利润（百万元）	2,323	2,524	3,454	4,811	6,474
增长率YoY%	34.8%	8.6%	36.8%	39.3%	34.6%
毛利率%	51.9%	50.5%	51.1%	51.6%	52.1%
净资产收益率RCE%	20.5%	15.1%	15.7%	18.0%	19.5%
EPS（摊薄）（元）	0.33	0.36	0.39	0.54	0.72
市盈率P/E（倍）	126.74	85.15	74.88	53.76	39.95
市净率P/B（倍）	20.21	13.37	11.78	9.66	7.78

图4-9　爱尔眼科2021～2025年各项财务指标的走势与预测

（数据来源：wind数据库，信达证券）

传统的医疗体制无法解决医疗资源分配不均匀的问题，爱尔眼科创造出了一套分级连锁模式，以破解行业通点。具体而言，分级连锁模式中的第一级为中心城市医院，解决疑难杂症，是医疗科研中心和品牌中心；第二级为省会城市医院，开展全眼科业务，相当于服务中心，向下收治重症，向上转诊重症；第三级为各地市医院，开展常规眼科业务，承担建立服务网络的任务，向上转诊重症；第四级为县级医院，开展基础眼科业务，向上转诊重症，更多的意义在于品牌下沉和渗透。

此外，爱尔眼科专门设立了并购基金，这些并购基金用于投资爱尔眼科看中的目标医院，开始体外的孵化培育期。2～5年后，当目标医院运营趋于成熟，进入稳定的盈利期，再由爱尔眼科将其转入上市公司体系内。尽管爱尔眼科的经营模式存在一定的争议，但是近年来其营收与净利润一直不断上升，股价也是上涨了十几倍，而且该公司的营业总收入、归属母公司净利润等指标在未来仍会不断上升，因此可以看为价值投资的典范。

（三）新能源汽车行业

新能源汽车行业是指从事新能源汽车生产与应用的行业。新能源汽车是指除汽油、柴油发动机之外所有其他能源汽车，被认为能减少空气污染和缓解能源短缺。在当今提倡全球环保的前提下，新能源汽车行业必将成为未来汽车产业发展的导向与目标。

新能源又称非常规能源，指传统能源之外的各种能源形式，是刚开始开发利用或正在积极研究、有待推广的能源，如太阳能、地热能、风能、海洋能、生物质能和核聚变能等。根据《新能源汽车生产企业及产品准入管理规则》，新能源汽车是指采用非常规的车用燃料作为动力来源（或使用常规的车用燃料、采用新型车载动力装置），综合车辆的动力控制和驱动方面的先进技术，形成的技术原理先进、具有新技术、新结构的汽车。新能源汽车包括混合动力汽车（HEV）、纯电动汽车（BEV，包括太阳能汽车）、燃料电池电动汽车（FCEV）、氢发动机汽车、其他新能源（如高效储能器、二甲醚）汽车等各类别产品。

1. 新能源汽车产业的特性

从性质上看，新能源汽车产业的特性至少包括以下五个方面：

（1）战略性。节能环保和安全是100多年来汽车工业发展的永恒主题，也是在不同发展时期汽车工业面临的最严峻挑战。国家既然把新能源汽车作为战略性新兴产业，这就表明绝对不是权宜之计。也就是说，发展新能源汽车，不是因为缺乏石油，还是现在买不到石油，或者世界上没有石油；也不是因为电力供应过剩，没有地方用了。无论是石油资源还是电力资源，对我们而言仍然是短缺的资源，从这个意义上来讲，汽车业必须考虑战略性发展，产业界一定要认真准备，要寻求最广阔的能源持续提供的可能性。汽车技术100多年发展到今天，现在的技术对所有已知的一次或二次能源都可以采用，至于什么时候采用，使用哪种形式的能源，取决于汽车技术的发展，最终取决于市场需求。

（2）创新性。从一定意义上来讲，新能源汽车是传统汽车的升级换代，绝对不能降低消费者对汽车产品的需求，或者回到过去所谓的电瓶车的水平。它在很多方面都有待原始创新，不只是现有汽车的简单升级。对这种先进性和替代效应，甚至是颠覆性要有正确认识。因为新能源汽车发展不是简单的替代过去，而是技术创新和跨越，所以必须保证先进性。

（3）系统性。这意味着汽车行业不能单枪匹马，按照过去传统汽车行业的思路，一枝独秀地完成新能源汽车整体产业的发展，而是要带动相关产品和产业形成新的产业链。比如，过去汽车上的电池就是蓄电池，只需完成简单的功能比如启动、照明等，现在搭载的电池属于动力电池，还有电子控制系统。这绝不是单一的事情，所以一定要系统考虑、协同发展。

（4）市场性。在新能源汽车发展的初始阶段，需要政策推动，但是最终还要接受市场的检验和用户选择。政策会推动、引导、指导新能源汽车，但是最终产业必须实现市场化和国际化。

（5）多元性。在未来相当长一段时间，新能源汽车的发展仍将呈现多元化格局发展。科技部原部长万钢曾公开表示，在相当一段时间内，对于替代燃料汽车，无论是混合动力汽车、纯电池驱动汽车，还是燃料电池汽车，每一个企业都可以根据自己在市场中的定位，结合自己的能力，在不同的发展阶段推出不同产品，因为这是一个多样性的市场、多元技术并存的市场。

2. 新能源汽车的种类

具体而言，目前的新能源汽车有如下几种：

（1）混合动力汽车。混合动力是指那些采用传统燃料的，同时配以电动机／发动机来改善低速动力输出和燃油消耗的车型。按照燃料种类的不同，主要又可以分为汽油混合动力和柴油混合动力两种。目前国内市场上，混合动力车辆的主流都是汽油混合动力，而国际市场上柴油混合动力车型发展也很快。混合动力汽车的优点是：①采用混合动力后可按平均需用的功率来确定内燃机的最大功率，使之处于最优的工作状态。需要大功率而内燃机功率不足时，由电池来补充；负荷少时，富余的功率可发电给电池充电，由于内燃机可持续工作，电池又可以不断得到充电，故其行程和普通汽车一样。②因为有了电池，可以十分方便地回收制动时、下坡时、息速时的能量。③在繁华市区，可关停内燃机，由电池单独驱动，实现"零排放"。④有了内燃机可以十分方便地解决耗能大的空调、取暖、除霜等纯电动汽车遇到的难题。⑤可以利用现有的加油站加油，不必再投资。⑥可让电池保持在良好的工作状态，不发生过充、过放，延长其使用寿命，降低成本。

（2）电动汽车。电动汽车，顾名思义就是主要采用电力驱动的汽车，大部分车辆直接采用电机驱动，有一部分车辆把纯电动汽车机装在发动机舱内，也有一部分直接以车轮作为四台电动机的转子，其难点在于电力储存技术。本身不排放污染大气的有害气体，即使按所耗电量换算为发电厂的排放，除硫和微粒外，其他污染物也显著减少。由于电力可以从多种一次能源获得，如煤、核能、水力、风力、光、热等，解除人们对石油资源日见枯竭的担心。电动汽车还可以充分利用晚间用电低谷时富余的电力充电，使发电设备日夜都能充分利用，大大提高其经济效益。有专家认为，对于电动车而言，目前最大的障碍就是基础设施建设以及价格影响了产业化的进程，与混合动力相比，电动车更需要基础设施的配套，而这不是一家企业能解决的，需要各企业联合起来与当地政府部门一起建设，才会有大规模推广的机会。

（3）燃料电池汽车。燃料电池汽车是指以氢气、甲醇等为燃料，通过化学反应产生电流，依靠电机驱动的汽车。其电池是通过氢气和氧气的化学作用，而不是经过燃烧，直接变成电能的。燃料电池的化学反应过程不会产生有害产物，因此燃料电池车辆是无污染汽车，燃料电池的能量转换效率比内燃机要高2～3倍，因此从能源的利用和环境保护方面，燃料电池汽车是一种理想的车辆。单个的燃料电池必须结合成燃料电池组，以便获得必需的动力，满足车辆使用的要求。近几年来，燃料电池技术已经取得了重大的进展。目前，燃料电池轿车的样车正在进行试验，以燃料电池为动力的运输大客车在北美的几个城市中正在进行示范项目。在开发燃料电池汽车中仍然存在着技术性挑战，如燃料电池组的一体化，提高商业化，电动汽车燃料处理器和辅助部汽车制造厂都在朝着集成部件和减少部件成本的方向努力，并已取得了显著的进步。

（4）氢动力汽车。氢动力汽车是一种真正实现零排放的交通工具，排放出的是纯净水，其具有无污染、零排放、储量丰富等优势，因此，氢动力汽车是传统汽车最理想的替代方案。与传统动力汽车相比，氢动力汽车成本至少高出20%。

（5）燃气汽车。燃气汽车是指用压缩天然气（CNG）、液化石油气（LPG）和液化天然气（LNG）作为燃料的汽车。近年来，世界上各国政府都积极寻求解决这一难题，开始纷纷调整汽车燃料结构。燃气汽车由于其排放性能好，可调整汽车燃料结构，运行成本低、技术成熟、安全可靠，所以被世界各国公认为当前最理想的替代燃料汽车。在我国代用燃料汽车中占到90%左右。

（6）生物乙醇汽车。乙醇俗称酒精，通俗地说，使用乙醇为燃料的汽车也可叫酒精汽车。在汽车上使用乙醇，可以提高燃料的燃烧值，降低尾气的有害物排放。乙醇汽车的燃料应用方式：①掺烧，指乙醇和汽油混合应用。在混合燃料中，乙醇和容积比例以"E"代表，如乙醇占10%、15%，则用E10、E15来表示，目前，掺烧在乙醇汽车中占主要地位。②纯烧，即单烧乙醇，可用E100表示，目前应用并不多。③变性燃料乙醇，指乙醇脱水后，再添加变性剂而成的乙醇，处于试验应用阶段。④灵活燃料，指燃料既可使用汽油，又可以使用乙醇或甲醇与汽油比例混合的燃料，还可以用氢气，并随时可以切换。如福特、丰田汽车均在试验灵活燃料汽车（FFV）。

（四）金融行业

金融业是指经营金融商品的特殊行业，它包括银行业、保险业、信托业、证券业和租赁业。

我们已经进入一个金融时代、金融社会，因此，金融无处不在并已经形成一个庞大的体系，涉及的范畴、分支和内容都非常广，如货币、证券、银行、保险、资本市场、衍生证券、投资理财、各种基金（私募、公募）、国际收支、财政管理、贸易金融、地产金融、外汇管理、风险管理等。

从特征上看，金融行业具有指标性、垄断性、高风险性、效益依赖性和高负债经营性的特点。指标性是指金融的指标数据从各个角度反映了国民经济的整体和个体状况，使之成为国民经济发展的晴雨表。垄断性一方面是指金融业是政府严格控制的行业，未经中央银行审批，任何单位和个人都不允许随意开设金融机构；另一方面是指具体金融业务的相对垄断性，信贷业务主要集中在四大商业银行，证券业务主要集中在国泰、华夏、南方等大型证券公司，保险业务主要集中在人保、平保和太保等大型保险公司。高风险性是指金融业是巨额资金的集散中心，涉及国民经济各部门，单位和个人，其任何经营决策的失误都可能导致"多米诺骨牌效应"。效益依赖性是指金融效益取决于国民经济总体效益，受政策影响很大。高负债经营性是相对于一般工商企业而言，其自有资金比率较低。金融业在国民经济中处于牵一发而动全身的地位，关系到经济发展和社会稳定，具有优化资金配置以及调节、反映、监督经济的作用。金融行业的独特地位和固有特点，使得各国政府都非常重视本国金融业的发展。近十几年，我国金融行业以空前的速度和规模在成长。

具体而言，金融行业可以细分为以下几个子行业：

1. 银行业

在我国，银行业是指中国人民银行、监管机构、自律组织以及在中华人民共和国境内设立的商业银行、城市信用合作社、农村信用合作社等吸收公众存款的金融机构、非银行金融机构以及政策性银行。银行是现代金融业的主体，是国民经济运转的枢纽，也是经营货币和信用业务的金融机构，通过发行信用货币、管理货币流通、调剂资金供求、办理货币存贷与结算，充当信用的中介人。

图4-10为2019～2023年5月上市银行的PB值走势，从图中可以看到，截至2023年5月，我国上市银行的PB值仅为0.58倍，其估值尚未修复至2019年以前的水平。

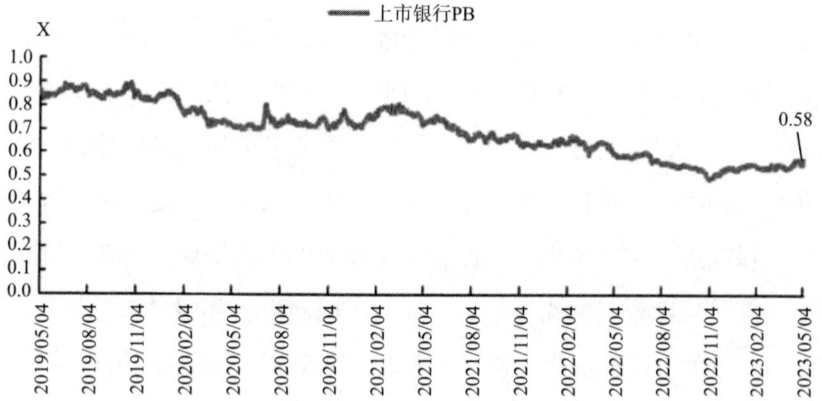

图4-10　2019～2023年5月上市银行的PB值走势

（数据来源：wind数据库、平安证券）

图4-11是我国不同上市银行个股的历史最高/最低静态估值，从图中可以看到，张家港行、江阴银行、无锡银行和紫金银行等个股的历史最高/最低静态估值相对较高，邮储银行、浙商银行、工商银行等个股的历史最高/最低静态估值则相对较低。同时，由于灰色部分表示上市银行个股的当前估值，从图中可以看到，当前很多上市银行个股的PB静态估值仍处于历史低位。

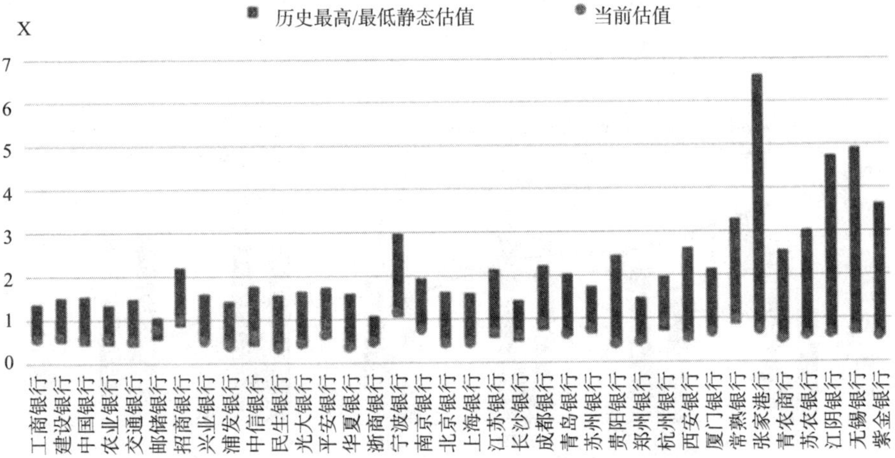

第四章　价值投资实战案例 / 109

■ 历史最高/最低静态估值　　● 当前估值

X

图4-11　上市银行个股的PB静态估值仍处于历史低位

（数据来源：wind数据库、平安证券）

2. 保险业

保险业是指将通过契约形式集中起来的资金，用以补偿被保险人的经济利益业务的行业。保险是指投保人根据合同约定，向保险人支付保险费，保险人对于合同约定的可能发生的事故因其发生而造成的财产损失承担赔偿保险金责任，或者当被保险人死亡、伤残和达到合同约定的年龄、期限时承担给付保险金责任的行为。保险市场是买卖保险即双方签订保险合同的场所。它可以是集中的有形市场，也可以是分散的无形市场。按照保险标的的不同，保险可分为财产保险和人身保险两大类。财产保险是指以财产及其相关利益为保险标的的保险，包括财产损失保险、责任保险、信用保险、保证保险、农业保险等。它是以有形或无形财产及其相关利益为保险标的的一类补偿性保险。人身保险是以人的寿命和身体为保险标的的保险。当人们遭受不幸事故或因疾病、年老而丧失工作能力、伤残、死亡或年老退休时，根据保险合同的约定，保险人对被保险人或受益人给付保险金或年金，以解决其因病、残、老、死所造成的经济困难。按照与投保人有无直接法律关系，保险可分为原保险和再保险。发生在保险人和投保人之间的保险行为，称为原保险。发生在保险人与保险人之间的保险行为，称为再保险。

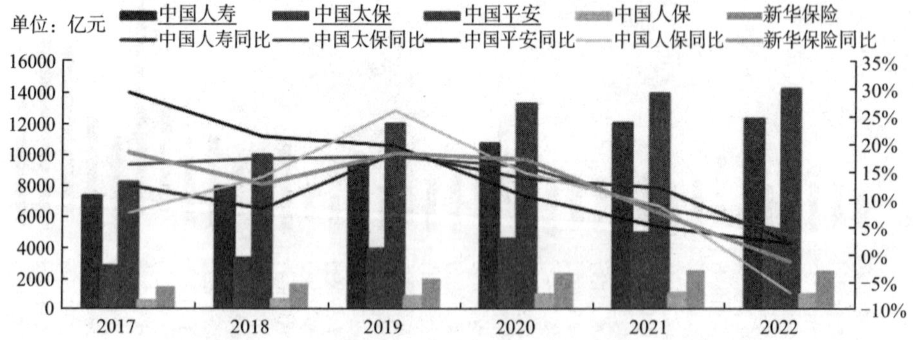

图4-12 2017～2022年上市保险企业的内在价值（EV）及增速

（数据来源：wind数据库、方正证券）

图4-12是2017～2022年上市保险企业的内在价值（EV）及增速。从图中可以知道，近年来上市保险企业的内在价值（EV）呈现出不断上升的走势，但是由于后疫情时代保单消费需求恢复依旧缓慢，叠加险企代理人增员难，导致它们的内在价值（EV）增速逐步下滑。

3. 证券业

证券业是为证券投资活动服务的专门行业。各国定义的证券业范围略有不同。按照美国的"产业分类标准"，证券业由证券经纪公司、证券交易所和有关的商品经纪集团组成。证券业在世界各国都是一个小的产业部门，但其联系面却极广。同它有关系的方面有：①证券购买者。②证券供应者。③证券业内部产业，如经纪公司、交易所和各种证券协会。④管制者，如各种政府的专职管理部门和各种自律性集团等。⑤直接支持性服务设施如证券转让机构，证券保管机构和设施，特殊的通讯网络。⑥其他支持性服务部门，如会计、审计、律师事务所和教育机构等。通常，人们把上面④～⑥项视为证券业的"周边产业"。证券业的基本功能可归纳为四个方面：第一，媒介储蓄和投资，帮助新资本的筹集；第二，制造并维持一个有秩序的证券市场；第三，分析经济和金融信息；第四，帮助投资者进行投资管理。

图4-13是2012～2022年证券行业的杠杆倍数变动、总资产和净资产规模走势。从图中可以看到，证券行业的杠杆在2015年最高达到了4.4倍，之后开始快速下降，2018年后又开始逐步上升。同时，近年来证券行业的总资产和净资产规模则呈现出不断上升的态势。

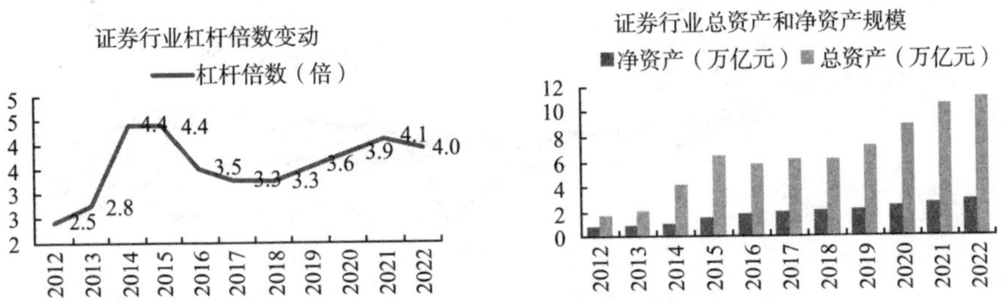

图4-13 2012～2022年证券行业的杠杆倍数变动、总资产和净资产规模

（数据来源：wind数据库）

4. 信托业

信托与银行、证券、保险并称为金融业的四大支柱，其本来含义是"受人之托、代人理财"。按照《信托法》的定义，信托是指："委托人基于对受托人的信任，将其财产权委托给受托人，由受托人按委托人的意愿以自己的名义，为受益人的利益或者特定目的，进行管理或者处分的行为。"

信托在国外已有3800年的历史，因为它一头连着货币市场，一头连着资本市场，一头连着产业市场，既能融资又能投资，被誉为具有无穷的经济活化作用。用美国信托权威思考特的话说："信托的应用范围，可以和人类的想象力相媲美。"中国的信托业始于20世纪初的上海。1921年8月，在上海成立了第一家专业信托投资机构——中国通商信托公司，1935年在上海成立了中央信托总局。历史跨入新世纪，伴随《信托法》和《信托投资公司管理办法》的颁布实施，信托业终于迎来了发展的春天。

图 4-14 是 2019～2022 年不同投向的集合信托收益率走势，从图中可以看到，不同投向的集合信托平均预期收益率在 2021 年之后整体呈现出回落的趋势，但不同投向之间分化较大。具体而言，其他类和工商企业类的预期收益率大幅下降，而基础产业类、房地产类和金融类信托的预期收益率则下降幅度相对较低。

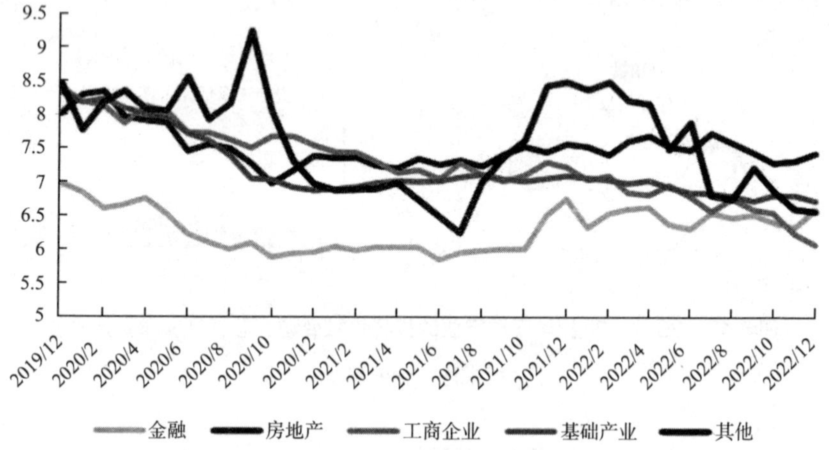

图4-14 2019～2022年不同投向的集合信托收益率走势

（数据来源：wind数据库）

（五）房地产行业

房地产行业是指以土地和建筑物为经营对象，从事房地产开发、建设、经营、管理以及维修、装饰和服务的集多种经济活动为一体的综合性产业，是具有先导性、基础性、带动性和风险性的产业。

房地产具体是指土地、建筑物及其地上的附着物，包括物质实体和依托于物质实体上的权益。房地产又称不动产，是房产和地产的总称，两者具有整体性和不可分割性，包括土地、建筑物及地上附着物、房地产物权。房地产物权除所有权外，还有所有权衍生的租赁权、抵押权、土地使用权、地役权、典当权等。

具体而言，房地产又可以细分为以下几种：

1. 住宅

住宅是指专供居住的房屋，包括别墅、公寓、宿舍等。但不包括住宅楼中作为人防用、不住人的地下室等，也不包括托儿所、病房、疗养院、旅馆等具有专门用途的房屋。

目前，主客观环境的变化、市场环境的变化带来了机遇，传统的建造方式已经受到劳动力成本快速上涨、节能环保等多方面的挑战；而随着房地产市场发生的变化，社会对住宅品质和质量的要求越来越高，这些都为住宅产业化提供了良好的外部环境，但也提出了更高的要求。此外，持续不放松的房地产调控带来了转型之机，大规模的保障性安居工程的建设更为住宅产业化提供了一定的空间。

图 4-15 是 2014～2023 年我国各类型城市住宅价格指数同比涨幅，从图

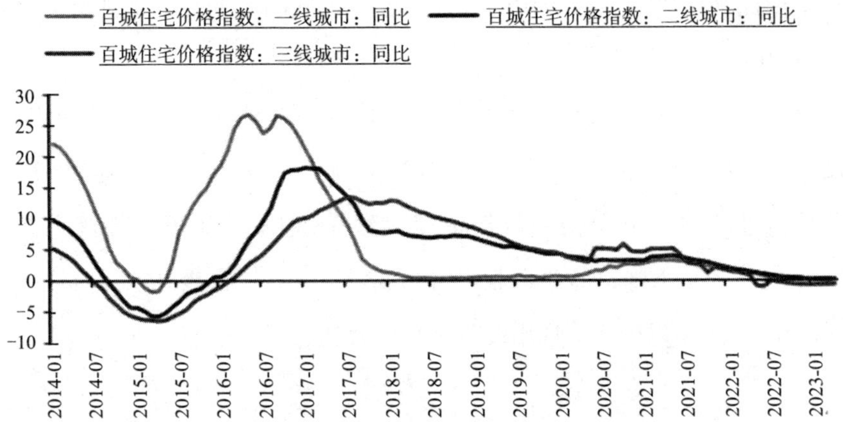

图4-15　2014～2023年我国各类型城市住宅价格指数同比涨幅（单位:%）

（数据来源：wind数据库）

中可以看到，在 2014 ~ 2017 年一线城市、二线城市和三线城市的住宅价格指数波动幅度较大，从 2018 年之后上述城市的住宅价格指数波动幅度较小，价格走势更为平缓。

2. 商业地产

商业地产，指作为商业用途的地产，故又名商铺地产。区别于以居住功能为主的住宅房地产，以工业生产功能为主的工业地产等。商业地产广义上通常指用于各种零售、批发、餐饮、娱乐、健身、休闲等经营用途的房地产形式。以办公为主要用途的地产，属商业地产范畴，也可以单列。通常来说，商业地产可指三类业态——零售物业、写字楼和酒店。

商业地产规模也有大有小。规模大的商业房地产可以达到几十万、上百万平方米，规模小的商业房地产项目仅几百平方米，甚至更小。对于规模庞大的商业房地产，其经营多采用开发商整体开发，主要以收取租金为投资回报形式的模式；商业地产项目可以打包上市，形成商业房地产金融；对于规模较小的商业房地产而言，大多数项目依然采取租金回收的方式，但国内很多商业房地产中住宅、公寓、写字楼等项目的底层和各类商业街、商品市场则采用商铺出售，零散经营的模式，这个模式的后期经营管理可能会存在较大的问题。

图 4-16 是 2012 ~ 2022 年我国商业地产开发投资情况。从图中可以看到，2012 ~ 2017 年我国商业营业用房完成投资额呈现出上升趋势，但是 2018 年后开始逐步下降；办公楼开放投资完成额在 2012 ~ 2020 年逐步上升，在 2021 年之后开始下降；商业营业用房完成投资额、办公楼开放投资完成额累计同比在 2013 年以后均呈现出逐步下降的态势。

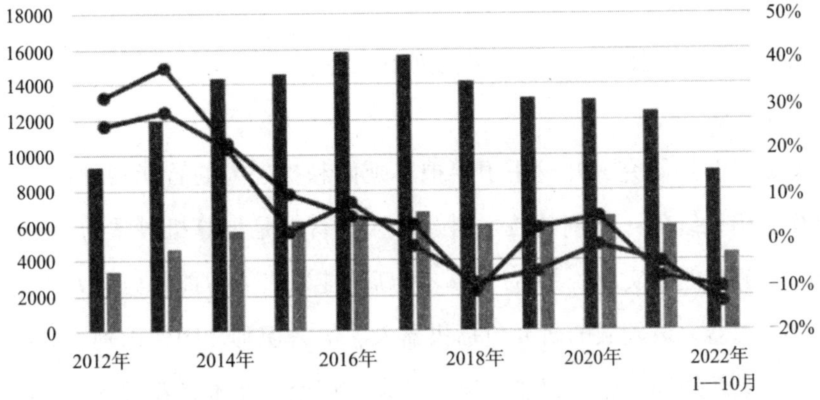

第四章　价值投资实战案例 / 115

图例：
- ■ 商业营业用房开发投资完成额
- ▦ 办公楼开发投资完成额
- ●— 商业营业用房开发投资完成额累计同比
- ●— 办公楼开发投资完成额累计同比

图4-16　2012～2022年我国国商业地产开发投资情况（单位：亿元、%）

（数据来源：wind数据库）

（六）科技行业

人类社会的每一项进步都伴随着科学技术的进步。尤其是现代科技的突飞猛进，为社会生产力发展和人类的文明开辟了更为广阔的空间，有力地推动了经济和社会的发展。我国的计算机、通讯、生物医药、新材料等高科技企业的迅速增长，极大地提高了我国的产业技术水平，促进了工业、农业劳动生产率大幅度提高，有力地带动了整个国民经济的发展。高新技术及其产业已经成为当代经济发展的龙头产业。

以信息技术为中心的当代科技革命在全球蓬勃兴起，标志着人类从工业社会向信息社会的历史性跨越。信息技术包括微电子技术、光电子技术、计算机技术、通信技术、成像技术、显示技术等。自20世纪90年代以来，信息技术向数字化、高速化、网络化、集成化和智能化迅速发展。它的高速发展及其广泛应用引导着众多高新技术领域的变革，形成了一幅波澜壮阔的科技创新画面。

具体而言，科技行业可以细分为如下几种：

1. 人工智能

人工智能是研究、开发用于模拟、延伸和扩展人的智能的理论、方法、技术及应用系统的一门新的技术科学。人工智能是计算机科学的一个分支，它企图了解智能的实质，并生产出一种新的能以人类智能相似的方式做出反应的智能机器，该领域的研究包括机器人、语言识别、图像识别、自然语言处理和专家系统等。人工智能从诞生以来，理论和技术日益成熟，应用领域也不断扩大。

2. 大数据

大数据是指无法在一定时间范围内用常规软件工具进行捕捉、管理和处理的数据集合，是需要新处理模式才能具有更强的决策力、洞察发现力和流程优化能力的海量、高增长率和多样化的信息资产。大数据技术的战略意义不在于掌握庞大的数据信息，而在于对这些含有意义的数据进行专业化处理。换而言之，如果把大数据比作一种产业，那么这种产业实现盈利的关键，在于提高对数据的"加工能力"，通过"加工"实现数据的"增值"。大数据需要特殊的技术，以有效地处理大量的经过时间内的数据。适用于大数据的技术，包括大规模并行处理（MPP）数据库、数据挖掘、分布式文件系统、分布式数据库、云计算平台、互联网和可扩展的存储系统。

3. 云计算

云计算是继计算机、互联网后在信息时代又一种新的革新。虽然目前有关云计算的定义有很多，但概括来说，云计算的基本含义是一致的，即云计算具有很强的扩展性和需要性，可以为用户提供一种全新的体验，云计算的核心是可以将很多的计算机资源协调在一起，因此，使用户通过网络就可以获取无限的资源，同时获取的资源不受时间和空间的限制。

云计算是分布式计算的一种，指的是通过网络"云"将巨大的数据计算处理程序分解成无数个小程序，然后通过多部服务器组成的系统处理和分析这些小程序，最后得到结果并返回给用户。云计算早期，简单地说，就是简单的分布式计算，解决任务分发，并进行计算结果的合并。因而，云计算又称为网格计算。通过这项技术，可以在很短的时间内（几秒钟）完成对数以万计的数据的处理，从而实现强大的网络服务。目前，我们所说的云服务已经不单单是一种分布式计算，而是分布式计算、效用计算、负载均衡、并行计算、网络存储、热备份冗杂和虚拟化等计算机技术混合演进并跃升的结果。

云计算的核心概念就是以互联网为中心，在网站上提供快速且安全的云计算服务与数据存储，让每一个使用互联网的人都可以使用网络上的庞大计算资源与数据中心。

4. 物联网

物联网起源于传媒领域，是信息科技产业的第三次革命。物联网是指通过信息传感设备，按约定的协议，将任何物体与网络相连接，物体通过信息传播媒介进行信息交换和通信，以实现智能化识别、定位、跟踪、监管等功能。在物联网应用中有三项关键层，分别是感知层、网络传输层和应用层。

物联网可以把所有物品通过信息传感设备与互联网连接起来，进行信息交换，即物物相息，以实现智能化识别和管理。具体而言，物联网的应用领域包括智能家居、智慧交通、智能医疗、智能电网、智能物流、智能农业、智能电力、智能安防、智慧城市、智能汽车、智能建筑、智能水务、商业智能以及智能工业等内容。

图 4-17 表明，TMT（Telecommunications, Media, Technology）行业的细分子行业主要包括电子、计算机、传媒和通信，其中电子行业的占比达到了 32.3%，计算机行业的占比达到了 28.4%，传媒行业的占比达到了 11.8%。

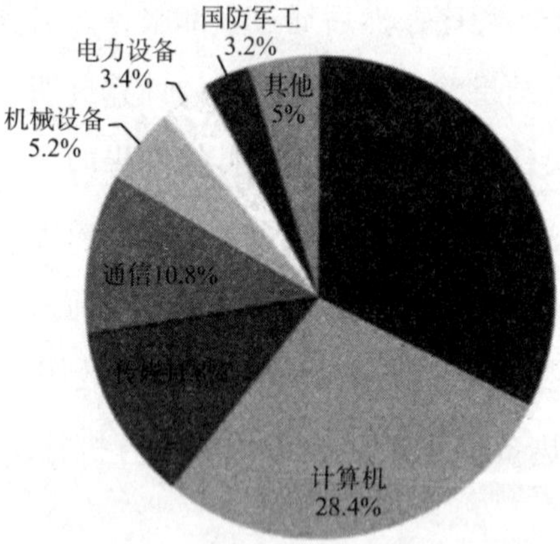

118　发现价值：价值投资实战指南

图4-17　2023年TMT行业的细分子行业

（数据来源：wind数据库）

从图 4-18 可以看到，自 2023 年以来 ChatGPT 概念持续升温。以 ChatGPT 为关键词的百度搜索指数显示，自 2023 年 1 月末以来，该词搜索量呈指数上升趋势，热度空前。

比尔盖茨指出："在我的一生中，我看到了两次技术演示，让我感到革命性。第一次是在 1980 年，当时我接触到了图形用户界面，这是包括 Windows 在内的所有现代操作系统的前身。第二次就是 ChatGPT，驱动 ChatGPT 的是人工智能，这将是第四次科技革命，AI 助理将会对人们的生活带来深远影响，有可能会取代搜索、购物网站。"李开复认为："整个 AI 2.0 带来的是技术革命的浪潮，比移动互联网还要大 10 倍，它会改写所有我们可以想象到的应用以及我们每一个人的生活。"周鸿祎则认为："人工智能将对千行百业进行赋能，并且对社会发展将产生深远影响。"

人工智能时代已经开启，投资者朋友们一定要做好迎接人工智能时代的准备，抓住人工智能时代的新机遇。

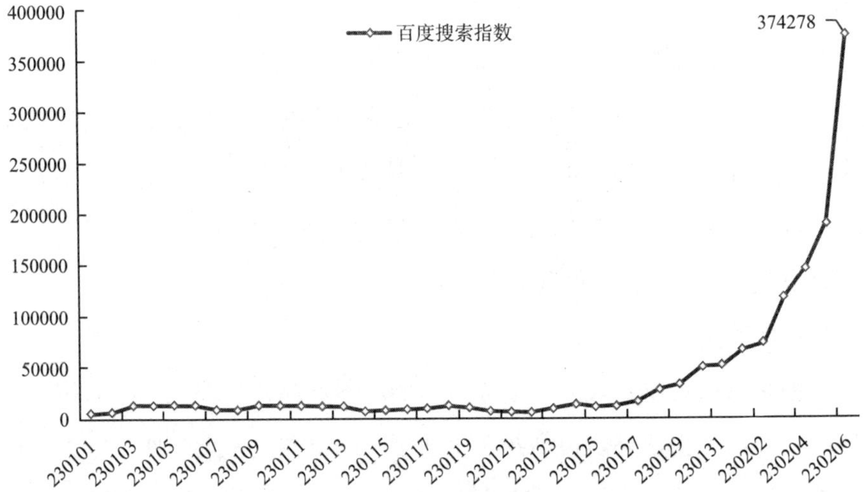

图4-18 ChatGPT搜索热度指数式上升

（数据来源：wind数据库）

（七）家电行业

家用电器主要指在家庭及类似场所中使用的各种电器和电子器具。又称民用电器、日用电器。家用电器使人们从繁重、琐碎、费时的家务劳动中解放出来，为人类创造了更为舒适优美、更有利于身心健康的生活和工作环境，已成为现代家庭生活的必需品。

近年来，我国家电业一直保持高速增长趋势，厨电市场表现非常突出，市场规模超过千亿。但随着行业整体规模的提升，市场逐渐饱和，行业高速增长趋势较难持续，未来行业发展将主要转向高质量发展，高端、智能、健康等特点在家电产品上的显现将更加突出。

几年前，高端家电在消费者眼中还只是社会少数群体能够享受到的奢侈品。其中原因自然是"高端"与"高价"基本等同。伴随高端家电商品的多样化、系列化，特别是消费者在收入增加的同时开始关注提高自己的生活质量与品位，更多的消费者成为高端家电商品的消费群体，开始享受高端家电生活。

从目前渠道格局来看，当前家电零售渠道可细分为全国性家电连锁、大型商超、区域家电连锁、百货商店、乡镇家电专卖店、企业直营店和线上电商渠道。近年来，我国家电行业线上线下呈现了"冰火两重天"的景象，一方面传统线下渠道依旧惨淡，另一方面线上市场增长飞速。

具体而言，家电行业可以分为以下几种：

1. 白色家电

白色家电指可以替代人们家务劳动的电器产品，主要包括洗衣机、部分厨房电器和改善生活环境提高物质生活水平的电器。早期这些家电大多是白色的外观，因此得名。目前，我国仍是世界上最大的白色家电生产基地。

根据国家统计局数据，2018 年，我国城镇家庭的冰箱、洗衣机的百户拥有量达到 95.7 和 98，接近饱和水平，空调和彩色电视机的百户拥有量已达到 142.18 和 121.3，超过户均一台，虽与发达国家相比还有一定差距，但上升空间已较小。虽然农村家庭的彩色电视机、洗衣机和冰箱百户拥有量不及城镇家庭，但也已处于较高水平，提升空间有限。农村家庭的空调百户拥有量还处于较低位置，不及城镇保有量的一半，未来发展空间较大。

总体来看，我国目前白电的市场饱和度较高，新增空间有限，但更新换代需求较强。我国从 2008 年开始逐步推出了家电下乡、以旧换新和节能补贴三大刺激家电消费政策，较好地带动了家电的销售和普及，按照白色家电大概十年的使用寿命计算，居民在上次刺激消费时购买的家电已逐步进入更新期，白色家电的更新换代需求较为强烈。

图 4-19 是 2017～2022 年中国白色家电产量和行业市场规模。从图中可以看到，近年来我国白色家电产量呈现出逐步上升的走势，行业市场规模在 2017～2019 年不断上升，但是在 2019 年出现了快速下降，之后又逐步恢复上升态势。

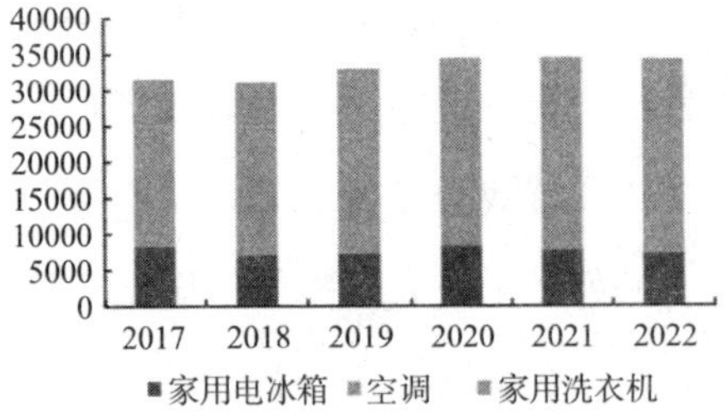

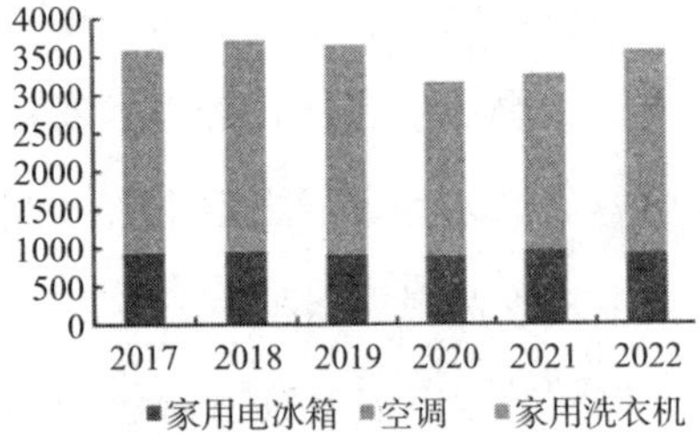

第四章 价值投资实战案例 / 121

```
40000
35000
30000
25000
20000
15000
10000
 5000
    0
      2017  2018  2019  2020  2021  2022
   ■家用电冰箱  ■空调  ■家用洗衣机
```

```
4000
3500
3000
2500
2000
1500
1000
 500
   0
      2017  2018  2019  2020  2021  2022
   ■家用电冰箱  ■空调  ■家用洗衣机
```

图4-19　2017～2022年中国白色家电产量和行业市场规模

（数据来源：wind数据库）

　　图 4-20 是 2010 ～ 2023 年主要白色家电的销量及增速走势。从图中可以看到，近年来空调、冰箱、洗衣机等白色家电的销量呈现出逐步上升的态势，但是由于受到外部环境等因素的影响，白色家电的增速在 2017 年之后逐步走低。

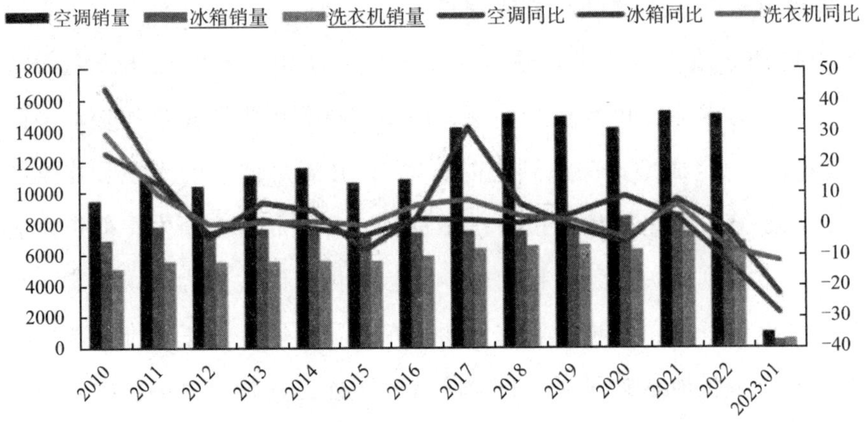

```
■空调销量  ■冰箱销量  ■洗衣机销量  —空调同比  —冰箱同比  —洗衣机同比

18000                                              50
16000                                              40
14000                                              30
12000                                              20
10000                                              10
 8000                                               0
 6000                                             -10
 4000                                             -20
 2000                                             -30
    0                                             -40
   2010 2011 2012 2013 2014 2015 2016 2017 2018 2019 2020 2021 2022 2023.01
```

图4-20　2010～2023年主要白色家电的销量（万台）及增速（%）

（数据来源：wind数据库、银行证券）

2. 黑色家电

黑色家电是家电分类中的一种，指可提供娱乐的产品，比如电视机、手机、音响、游戏机、摄像机、照相机等。

黑色家电最早来源于采用珑管显示屏的电视机，它的最外面有一圈黑色的边缘，黑褐色的外壳最不容易让消费者产生视觉反差，同时采用黑色的机身更容易散发热量，之后电视及其周边设备如游戏机、音响等也由于散热以及与电视产品搭配等原因往往也被设计成黑色。于是人们把能够带给人们娱乐、休闲的家电称为黑色家电。

黑色家电行业产业链较长，涉及子行业众多，主要有玻璃基板、液晶材料、偏光片、彩色滤光片、背光源等。其中，玻璃基板是生产液晶面板最核心的部件，虽然相对于背光模组而言，玻璃基板的成本并不是最高的（玻璃基板约占整个面板成本的 15%～20%，背光模组则占 30% 左右），但是却是生产难度最大、技术含量最高的部分，目前主要被美国和日本的企业垄断，也是我国整个面板产业链中发展相对滞后的环节。

玻璃基板的技术壁垒主要体现在三个方面：一是工艺壁垒，即玻璃表面平整度和杂质含量要求都达到了电子级，使用一般的浮法工艺无法满足；二是配方壁垒，也是核心壁垒，即生产过程中需要正确的玻璃液配方才能使玻璃稳定成型（关系到产品良率），并满足玻璃的光学和化学特性要求；三是装备壁垒，生产设备基本都是现有厂商自主研发，新进入者很难在市场上买到相关设备。目前玻璃基板的供应商主要为美国康宁、日本旭硝子和电气硝子，本土的彩虹集团、东旭集团等企业正在推进基板玻璃国产化。对于其他基础材料，目前除背光源外，其余原材料仍主要被欧美和日本企业垄断，比如液晶材料供应商主要为德国默克（TFT 液晶市场份额超过 50%）和日本智索；偏光片供应商主要是日东电工、住友化学、三立化学、LG 等企业。

我国黑色家电制造企业可以分为两类，一是有自主品牌的厂商，主要有海信、创维、TCL、长虹、康佳、海尔、三星、夏普、索尼、三洋等；二是没有自主品牌的厂商，包括富士康、兆驰股份、毅昌科技、HKC、BOE、KTC 等。黑色家电行业下游是黑色家电经销商，包括苏宁和国美等家电连锁企业、沃尔玛和家乐福等大卖场以及其他三、四级市场经销商电商平台等，最终到达终端客户。

（八）农林牧渔行业

农林牧渔行业包括农用机械、林业设备及用具、畜牧养殖业设备及用具、渔业设备及用具、粮油加工机械、饲料加工机械、屠宰及肉类初加工设备、农副产品加工、其他等。从以上范围可知，农林牧渔行业涉及的子行业众多，其中较重要的子行业包括以下几个：

1. 种业

种子是农业生产的起点，对于作物产量、质量、抗性等方面具有重要的决定意义，是农业生产的芯片。种子行业的上游主要是种子研发和种子培育，化肥行业、农药行业和种子采摘。下游销售为经销商和零售商。

种业作为我国战略性、核心性的基础产业，是农业健康发展的基础，一直以来受到国家的高度重视。2016年新《种子法》修改颁布，提升了新品种保护的法律地位，加大了基层农业主管部门对侵权假冒的执法力度，大幅提高了对侵权假冒行为的民事赔偿标准和行政处罚力度，赔偿额由原来权利人实际损失或侵权人获利的1倍提升到3倍；对权利人损失、侵权人获利难以确定的，赔偿额由原来的50万元提高到300万元。同时加大了行政处罚力度，罚款金额由货值的1~5倍提升到5~10倍，并且明确了种业扶持改革政策。其次，建立了部分非主要农作物品种登记制度。这既填补了过去对那些面广量大的非主要农作物管理的法律缺失，又为企业自主创新发展带来机遇。而且，新《种子法》把品种的特异性、一致性和稳定性测定作为评价品种的标准。新种子法及一系列配套法规的实施，为我国种子行业的发展提供了良好的外部支持环境。

目前，全球种业已经形成育种、制种、销售三大环节为主的较为成熟的产业链。其中，育种是农业生产活动产业链中上游的关键环节，相当于种植业中的"芯片"。农业生产流程一般包括农田基本建设、土壤耕作、播种及栽植、田间管理、收割及农田运输。在上游端，种子的培育成为上游端最重要的一环。除此之外，肥料、农药以及现代化农业中的农业机械也是上游的组成部分。上游的这些农资原料占据了农户生产农作物约40%的成本。以玉米为例，据农业农村网数据显示，全国2018年玉米种植的平均种子费用为55.72元/亩，占据玉米种植总成本的5.33%。上游端其他的化肥费、农药费和机械作业费分别占据种植总成本的13.16%、1.64%和11.22%。农业生产活动产业链的中游端涉及了各种农作物的种植和生产；下游方面主要是农产品收割完成的后续应用，例如食品、工业加工、畜禽饲料等用途。

图4-21是2014～2025年全球种业市场规模，从图中可以看到，全球种业的市场规模由2015年的435亿美元增长至2020年463亿美元，年均复合增长率为1.3%，预计2025年整体市场规模将增至527亿美元，年均复合增长率为2.6%。因此，全球种业市场的未来发展仍然可以期待。

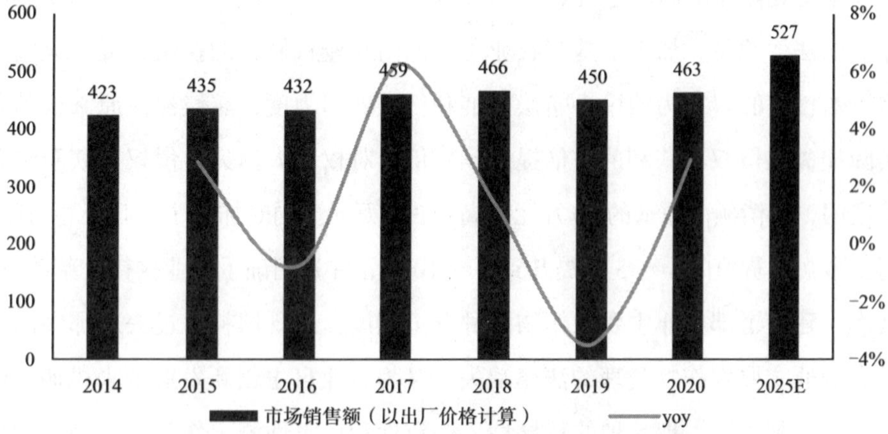

图4-21 2014～2025年全球种业市场规模（亿美元）

（数据来源：wind数据库、前瞻产业研究院）

2. 生猪养殖行业

我国是一个有着悠久历史的农业大国，养殖作为农业的重要组成部分，在农业的发展中有重要的作用。生猪养殖作为农业畜牧养殖中发展较为普遍的一个部分存在，对保障国民的物质生活有积极的作用。

我国生猪养殖行业市场规模巨大且整体稳步增长，但是短期会随着猪价的波动而变化，因此存在"猪周期"。"猪周期"的循环轨迹一般是：肉价高——母猪存栏量大增——生猪供应增加——肉价下跌——大量淘汰母猪——生猪供应减少——肉价上涨。猪肉价格高刺激农民积极性造成供给增加，供给增加造成肉价下跌，肉价下跌到很低打击了农民积极性造成供给短缺，供给短缺又使得肉价上涨，周而复始，这就形成了所谓的"猪周期"（图4-22）。

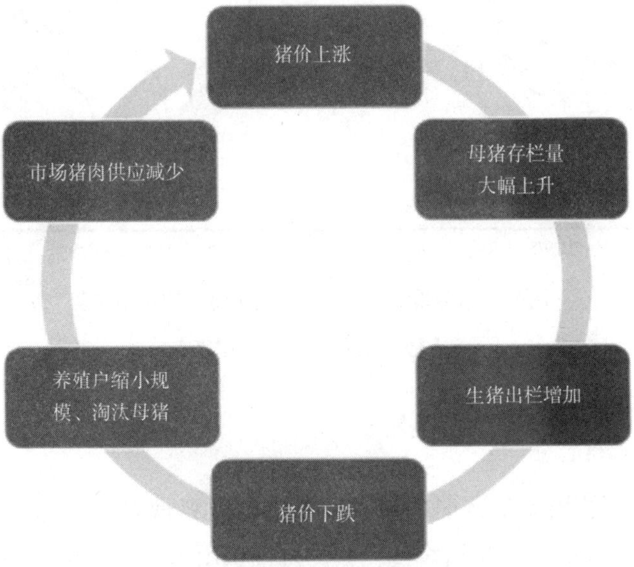

图4-22　猪周期循环过程

除此以外，猪肉价格的波动对牛肉、羊肉、禽肉等替代品市场都有不同程度的影响，同时跟我国通货膨胀率指标CPI的变化也有密切相关。由于猪肉价格在我国 CPI 中的占比较大，2006 年以来我国生猪价格的几次大幅波动均引起了行业及社会的广泛关注。

图 4-23 是 2018 ～ 2023 年我国猪肉平均价格走势。从 2018 年 5 月至 2020 年底，本轮周期内猪肉价格受到非洲猪瘟、环保限产政策、规模化养殖及供需关系变化等多重因素的影响，出现了短时间内涨幅较大的特点。在 2021 年之后，我国生猪平均价格开始震荡走低，但在 2022 年 5 月之后又开始触底反弹。

图4-23　2008～2023年我国生猪平均价格走势

（数据来源：wind数据库）

3. 肉鸡养殖行业

肉鸡是人类饲养最普遍的家禽。我国的肉鸡种鸡主要依赖于来自美国、法国、新西兰等国家的进口种鸡。从原种肉鸡引入到商业屠宰大约需要 14 个月的时间。首先引入祖父母代种鸡苗后，需要 23 周左右的时间长成成年肉鸡，接下来是为期 41 周的产蛋期。下蛋 3 周后，父母代种鸡苗孵化再出售给父母代种鸡场。父母代种鸡苗从长成肉鸡到产蛋需要跟祖父母代种鸡苗相同的时间。商品代肉鸡苗的孵化也需要 3 周，长成出栏肉鸡需要 6 周的时间。

目前，我国鸡肉生产以白羽鸡和黄羽鸡为主。其中，白羽肉鸡的特点是生长速度快，饲养周期短，出栏时平均体重大，养殖优势突出，正在逐步取代黄羽肉鸡市场。我国的白羽肉鸡产业从 20 世纪 80 年代起步已经发展成为世界前三大白羽肉鸡生产国。过去 20 年里，白羽肉鸡产业在我国以 5%～6% 的年均复合增速增长。肉鸡养殖属于产业链中游，行业上下游分别是饲料加工与屠宰销售。

近年来，由于快餐行业的快速发展与普及，肉鸡消费量在我国保持稳步增长的趋势。2014 年禽流感的暴发，白羽肉鸡产业遭到重创，产量、消费量锐减。2015～2019 年，白羽鸡肉产量年均增速为 -0.3%，消费量年均增速为 0.3%；黄羽鸡肉产量年均增速为 3.8%，消费量年均增速为 3.8%。预计 2020～2025 年，市场上白羽鸡产量、消费量的年均复合增长率将领先于黄羽鸡。

图 4-24 是 2014～2023 年我国白羽鸡市场规模和未来深加工鸡肉制品比例。从图中可以看到，未来我国的白羽鸡市场规模不断上升，未来深加工鸡肉制品比例也将继续走高。

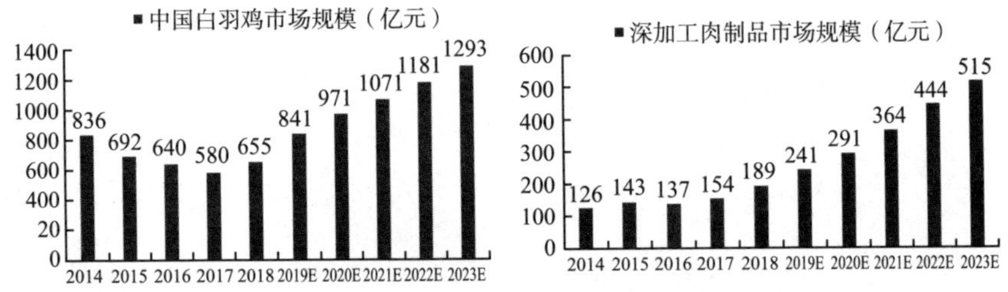

图4-24　2014～2023年我国白羽鸡市场规模和未来深加工鸡肉制品比例

（数据来源：wind数据库、方正证券）

第五章

投资中最重要的事

一、投资的第一原则是风险控制

（一）巴菲特的忠告

1. 做好风险管理

沃伦·巴菲特在谈及他成功的秘诀的时候曾经说过："第一不能亏损，第二永远不能亏损，第三永远记住前面的话。"

什么是股市的风险？巴菲特把它理解为损失的可能性或者概率，而并非损失的幅度。一般地，我们认为，所谓股市中的风险是指在竞争中，由于未来经济活动的不确定性，或各种事先无法预料的因素的影响，造成股价随机性的波动，使实际收益和与预期收益发生背离，从而使投资者有蒙受损失甚至破产的机会与可能性。简单说，股价波动的不确定性带来的炒股赔钱的可能性就是股市风险。

那么根据股神的言论，投资股票为什么不是赚钱第一，而是不能亏损第一呢？因为我们熟知：股市有风险，入市需谨慎。投资股票一定有机会赚钱，谁都有赚钱的成功记录，大家都是为了赚钱来投资股票的。但是如果你没有学会保护自己，即便你99次都赚钱，一次的失败也可以导致你破产。在这个市场中，有许多曾经非常出名的基金经理，最后因为投资股票而破产。这也就是股市的风险所在。

风险与收益成正比，这是经济学中的一项公认的基本法则，这意味着投资收益越高，其背后所蕴含的投资风险也相对越高。同样，股市也是如此，我们知道，在行情向好的牛市中，资产快速上涨几倍甚至几十倍的人比比皆是，但是在熊市中，同样是这批人就会出现大幅亏损。

普通投资者在股市中操作，就如同战场一样，如果想在这个残酷的战场中长期生存下去，必须做好风险控制工作。举例来说，你开始投入了10万元的资金，如果不进行风险控制，盲目地选股，每次操作都是全仓买入和全仓卖出，那么在运气不好的情况下很可能造成巨大的损失。如果每次亏损10%就割肉、斩仓，那么只要做错三四次，你的亏损就会达到50%，那么再想翻回本金，几乎就成为不可能达到的任务。

从这个意义上说，在股市中必须控制好风险，因为只有做好风险防范措施，才能在市场中立于不败之地。可是现实中，很多股民却不懂得控制风险的道理，在市场中经常有这样一个令人哭笑不得的现象：很多散户平时生活非常节俭，不舍得吃穿，连饭钱都想节省下来；但是一到股市里面，就不怎么珍惜自己的资产了，经常满仓买入和卖出，亏了很多钱都不在乎。为什么会出现这样的现象呢？我认为可能有两个方面的原因：第一是炒股时资金用的是数字交易，并不是日常生活中的现金交易，因此导致对数字不太敏感；第二则是很多人存在赌徒心理，总是想象能够一夜暴富、快速拥有巨额财产，殊不知，正是这种心理，可能会导致人们距离财富渐行渐远。

2. 别人贪婪我恐惧，别人恐惧我贪婪

"别人贪婪时要感到恐惧，别人恐惧时要变得贪婪。"巴菲特曾经这样说。时刻关注那些优质的企业，以相对低廉的价格买入并长期持有，这正是巴菲特百试不爽的战胜市场的法宝之一。

例如，2011年3月，日本海域发生了9.0级的大地震，并引发了海啸，造成8928人死亡，12664人失踪，更要命的是福田县的核电站发生了核泄漏，这对于日本经济来说是一次致命的打击。地震和海啸发生之后，原本处于上升趋势的日本股市引发重挫，市场上一片恐慌。就在日本议会的议员们纷纷议论是否该让股市退市的时候，远在千里之外的巴菲特却仿佛又一次看到了"天上掉馅饼"的机会，声称"日本地震是入市良机"，并且买下了日本股市的一些优质股票。

相反，当市场出现明显的高估、狂热迹象的时候，巴菲特总能急流勇退，提前撤出高危的市场，不做接"最后一棒"的傻瓜。如在 2007 年市场处于极度火爆的时候，巴菲特在几年前买的中石油 H 股已经翻了好几倍，他发现市场上已经不存在真正具有投资价值的品种，于是将中石油 H 股全部抛售。后来中石油 H 股出现了继续上涨，巴菲特并没有卖到最高点，市场舆论一片哗然，纷纷议论"巴菲特是不是已经过时了""股神已经老矣"，但是仅仅半年后，全球股市遭遇了金融危机，股指像瀑布一样一落千丈，中石油 H 股股价随后也大跌了近 50%，这时人们才明白"股神"的高明所在。

事实上，在市场极度低迷的时候，一般散户是很难有勇气买入股票的。正如巴菲特所说的一样，市场中的人们会有两种极端的心理，这就是"贪婪"和"恐惧"。在市场暴跌之后，散户普遍的表现为"元气大伤"，要么被套牢，要么经多次割肉本金已经所剩无几，即便是刚入市的新手也被近期股指的走势吓得难以下手买股，市场"恐惧"的心理已经极度渲染。和普通散户相反，股神巴菲特认为，市场越低迷，这时候股票投资的安全边际区域就越大，投资安全性就越强，投资回报率就越高。

3. 不要相信内幕消息

巴菲特曾经多次告诫那些喜欢依靠探听各种所谓内幕消息玩股票的投资者："就算有足够的内幕消息和 100 万美元，你也可能在一年内破产。"巴菲特对依靠内幕消息炒股者的忠告绝非危言耸听，而是凝聚着大师智慧的结晶，是对沉溺于"内幕危险游戏"中的投资者的善意提醒和解救。

在新股民进入股市，经历了亏损之后，许多善于总结的散户开始分析自己亏损的原因，并希望找到能够挣钱的方法。他们认为是由于自己对股票知识掌握太少、水平还不够才导致亏损，于是很多人开始孜孜不倦地学习各种各样的技术分析理论。另外一部分人，则认为散户处于食物链的最底层，各种信息都接触不到，而只有掌握内幕信息才能在股市中挣钱。这种类型的散户非常热衷于打听各上市公司的消息，甚至不惜重金接近有各种小道信息来源的个人。尽管有时一些人确实能够通过消息小挣一把，但是仅A股市场就有超过4000家上市公司，每天公开的和小道的消息漫天飞，根本无法辨别哪些消息是真实的，哪些消息是假的。何况在市场中通常的情况是，股价一般会对利好消息提前反映，当股民得到消息时股价往往出现"见光死"，许多手痒的股民再冲进去的时候主力已经开始出货，于是这些股民就再一次被套牢在高高的山岗上。

因此，投资者要想在股市中挣到钱，就应该摒弃快速发财致富的贪欲，远离各种内幕消息。要明白"越美丽的蛇越有毒"，各种内幕消息也是一样，在这些消息光鲜的外衣下隐藏着寒冷的锋芒。如果散户一意孤行，继续在追逐内幕消息的道路上坚持下去，面临的只能是失败与悔恨。

（二）拒绝借贷炒股

在股市中，一旦股指有走好的迹象，为了筹集足够的资金投入股市，一些投资者就会把脑筋动到了自己的房子和银行的票子上，通过贷款、信用卡套现、典当等方式"融资"炒股，意图一夜暴富。但实际上，无论是通过哪种方式借钱融资炒股，都暗藏着巨大的风险，打"借钱炒股"主意的投资者一定要三思而后行。

在现实中，很多投资者原本希望通过融资炒股达到"四两拨千斤"的目的，但事实上，融资炒股的结果却多是散尽千金。有的新股民只是看到或是听说股市中有人挣到了钱，为了自己能够"挣快钱"，就打算去借贷、融资融券去操作股票，结果很快就吃了大亏。

一位刚进入股市的新股民就融资融券的问题咨询过我，他说他有10万元，是父母给他的本金，他觉得做股票资金量更大一些效果可能要好些，问我他适合不适合去融资融券或借贷操作。我是这样回答他的："你刚进入股市没多久，如果说你这10万元够你折腾三年的话，那么你融资融券或是借贷的话就只够你折腾两年了。"

如果不相信的话，那么下面我们来算一下账。假如你有10万元本金，你通过融资又获得了10万元，那么现在你的资金是20万元。如果你操作不慎，在融资期间亏损了30%（这是很正常的事情），那么你将亏损20万元×30%=6万元。融资期到了之后，你将自己承担这6万元的损失，那么现在你的资金将变成10万元-6万元=4万元，而4万元只是原来10万元本金的40%，这说明你的亏损已经达到了惊人的60%！

在亏损过半的情况下，翻身就变得非常困难。更何况在融资融券或借贷的背景下，投资的压力会加倍放大，心态会更加不平稳，发生亏损的几率更是会越来越大。

当然，在实际操作中，肯定有人通过贷款炒股赚到了钱，但更多人通过贷款炒股亏损了很多。在这里，我们不算贷款炒股的收益风险比，只是想说说贷款炒股可能给投资者带来的其他伤害。一般来说，贷款炒股可以分为两类，一是以股票为抵押向银行贷款，二是以其他抵押向银行贷款。

第一种情况，如果是以股票为抵押向银行贷款，这个性质类似于融资融券中的融资，那么投资者将会因此增加被迫平仓的风险。举一个简单的例子：如果投资者在2800点时买入股票，按照1∶4的比例融资，即100万元资金买入500万元的股票，如果赶上股指先回调到2400点，然后又上涨到4000点，那么该投资者将在2400点被迫平仓，其结果是将失去随后从2400点上涨到4000点的盈利机会；而如果不贷款炒股，那么将能够获得从2800点到4000点翻倍的机会。也就是说，贷款炒股将让自己变得不从容，增加投资失败的机会。

第二种情况，如果不用股票作为抵押物，那么就不会出现这种被迫平仓的情况，所以相对来说投资者更容易掌控自己的投资，这种方式较用股票作为质押更好一些。目前比较常见的抵押物主要有房产和信用，其中房产主要是房贷的形式，而信用抵押主要是依靠信用卡透支。从成本角度来看，房产抵押的成本明显偏低，但贷款门槛较高，而信用卡的进入门槛较低，但融资成本偏高。

不管是房贷还是信用卡，最大的问题就是每月的还款压力，如果贷款数量偏高，那么每个月都需要卖出股票归还贷款，这样的操作将会给投资者心理上带来很大压力，从而产生急功近利的心态，一旦一次操作失误，将会产生巨大的投资亏损。

此外，几年之前，股市的震荡攀升也让一些"信用卡套现"中介公司热了起来。一些投资者办理多张信用卡，在这些中介公司的 POS 机上刷卡套现，获取资金入市炒股。

媒体上曾经曝光过这样一家中介：该中介称只要持卡者携带身份证和信用卡前往其公司，就可以全额支付现金，10000 元以下按 5% 收取手续费，10000 ～ 50000 元收取 3% 的手续费，50000 元以上收取 2% 的手续费。如果用这样获得的资金炒股取得盈利，不仅可以享受数十天的免息期，同时还可以获得银行的积分，因此一些炒股资金缺口不大的投资者觉得这种方式还是有利可图的。

事实上，这种非法套现行为本身也存在很大的政策成本，不仅会损害持卡人个人信用，还有可能被银行以涉嫌信用卡诈骗告上法院。而从成本的角度来看，利用信用卡套现炒股，首先要支付给上述中介公司 2% ～ 5% 的手续费。一旦炒股被套，到时如果没能在到期还款日之前还款，还会被扣掉滞纳金并罚息。因此，炒股应该量力而行，透支信用卡来炒股是"刀口舔血"，不值得尝试。

除了以上贷款、透支信用卡之外，在火爆的股市中，还有很多人把自己的房产暂时当到典当行，用典当换来的资金炒股，其实这里面的风险也不少。

一般来说，典当行决定向用户提供抵押款取决于两个条件：首先，要抵押房地产必须具有完全产权，像房贷未还清是不能将房子抵押的；其次，抵押人应当具备还款能力，因为若到期不能还款造成绝当的话，届时如处理住着人的绝当房产，典当行要走拍卖等一系列很麻烦的程序。

当典当行验证以上资料后，将会实地勘察房地产的位置、状况，然后自行评估价格，根据评估额确立贷款金额，然后签订合同，办理抵押登记，最后发放贷款。整个流程所需时间 2～6 个工作日，与银行贷款相比，要快捷方便得多。

以北京来说，目前典当行的月典当费率大约在 3.2%，以半年当期算，100 万元房产可以在半年后收取 19.2 万元，利润不可谓不高。对于在典当行抵押贷款炒股的人来说，炒股的成本也会大大增加。

如果在震荡走弱的行情中，投资者对市场行情并不了解而一味跟风，将房子典当来炒股，将会非常危险。例如，如果将房产压在典当行中，而股市行情不好不小心被套，房产也至少要在当铺里放置 3 个月后才能赎回，这时每月典当行要收取 3.2% 的费率，3 个月后要保证基金涨幅至少超过 9% 才有利润。但是在震荡走弱的行情中，迫于心理压力，能够保本就已经算是幸运的了，要想有 9% 的利润难度是非常大的。在这种情况下，还是不要把房产抵押为好，免得赔了夫人又折兵。

在生活中，几乎每个人的收入都可以分为几部分，用于储蓄、生活所需及投资等，我们应该只把闲钱拿来投资股票，不能因为股票来影响自己正常的生活。因为我们投资股票的目的是挣钱，挣钱的目的是改善现有的生活品质，假如为了炒股而影响了正常的生活，那就与我们原来的初衷背道而驰了。所以我们必须要用一颗淡定、理性的心去投资，这样才能避免踏入"融资贷款"炒股的陷阱，也才能步入稳定盈利、幸福的康庄大道。

（三）做好仓位管理

股市其实就是一个残酷的战场，在这个战场中，有人伤痕累累后决然离去，有人却在受伤之后总结教训，逐步蜕变为市场中的高手。这个道理很简单，在我们平时看战争题材的电视剧时，会看到有些人在战争中做了逃兵，有人却毅然一往无前，最终成为决定战局胜负的将军、元帅。

在实际操作中，很多散户在操作股票的过程中很容易陷入一个误区，这个误区就是始终满仓买入和卖出股票。其实这反映了人们的一种贪婪的心态，总是在幻想何时能够大涨、翻倍，而忽略了对于风险的控制。事实上，如果你满仓操作，只要有 3 次亏损 15% 的操作，那么就会产生整个仓位将近 50% 的悲剧，很可能就永远不能翻身了。

究竟是什么原因导致的很多投资者重仓操作呢？主要原因在于这些人往往只看利润，不看风险。一般股民，尤其是新手，由于对股市风险认识不足，操作技巧不娴熟，一旦认为机会来临，就激动万分，以为赚大钱的时机到了，一定要把握好时机，于是，将全额资金满仓买入，他们最不能容忍的是资金的闲置。这些人往往这样想："为什么要让钱闲着呢？资金只有在运动中才能增值，闲置起来机会成本太大了，那是最大的浪费，应该让资金充分发挥其作用，才能迅速增值。"殊不知，这样满仓操作，已经将自己的后路切断，一旦判断失误或遇到股市大跌行情，所投入的资金可能会在高位套牢，在企稳时想要在底部价位补仓摊平成本却没了钱，只好眼巴巴地看着它涨跌，严重束缚了自己的投资行为，限制了今后的盈利空间。

事实上，很多投资者是牛市高涨之后才进入市场的，他们进入市场的原因不是投资，也不是理财，只是因为看到了别人的财富效应。对于股票是什么，他们至今仍未有深刻的理解，其中大部分人到现在为止只会看一天的涨跌，还会用一知半解的知识分析下一天股票的涨跌。他们看到那些在 1000 点左右就进入市场的股民获得了 5 倍甚至 10 倍的利润，就以急功近利的心态，以获取 5 倍甚至 10 倍的利润作为自己的投资目标。不要忘了，其他投资者获得 5 倍利润的机会你没赶上，但那 5 倍利润中的风险却被你承担了。所以，时刻不要忘了风险的存在。

股市中有句话是这样说的："会买的是徒弟，会卖的是师傅，会空仓的是祖师爷。"这句话表明了控制仓位的重要性，也表达了人们对于能够控制好仓位的人的尊重之意。为什么在市场大起大落的时候，总有那么一些人能够做到涨不喜、跌不悲？善于控制仓位，就是其中的奥秘之一。

那么什么是仓位呢？所谓仓位，是指投资人实际投资和实有投资资金的比例。举个例子来说，如果你有 10 万用于投资股票，现用了 3 万元买西山煤电的股票，你的仓位是 30%。如你全买了西山煤电或者用剩余的钱都买了其他的股票，你就满仓了。如果你全部卖出股票，那么你就空仓了。

尽管控制仓位本身并不能给你带来收益，但是它可以帮你防范一些突如其来的风险。可以这样说，能根据市场的变化来控制自己的仓位，是炒股非常重要的一个能力，如果不会控制仓位，就像打仗没有后备部队一样，会很被动。

有人曾经这样总结过："一次性满仓交易是最愚蠢的行为，比听小道消息买股票还愚蠢。"这句话应该是很多散户血泪总结出来的经验。

从这个意义上讲，在实战中控制仓位，控制买卖操作的行为在很大程度上可以避免风险，使资金投入的风险最小化。虽然在理论上来讲，也可能带来了利润的适度降低，但股票市场是高风险的市场，确定了资金投入后必须考虑安全性问题，保障原始投入资金的安全性才是投资的根本，在原始资金安全的情况下获得必然的投资利润，这才是科学、稳健的投资策略。

应该说，我们投入股市中的资金是用我们的辛苦换来的，我们应珍惜它、爱护它。懂得休息的人，才能真正享受生活的乐趣，而懂得让钱休息的人，才能得到利润稳定增长的快乐。在大牛市的行情中，让钱充分地运动能提高收益，但在出现回落或上涨的趋势改变时，就应该让钱停下来休息，只有让钱休息充分地积蓄了能量才能更好地发挥它的威力。

但事实上，很多投资者都是在盘整期、下跌期仍坚持持股，一方面是因为买入股票后没赚钱不死心，心存侥幸，期待一次反弹；另一方面是怕盘整突破，突然上升，丧失机会，所以就持股等待。事实上这是一个心理误区，以可能性很大的损失去博取可能性很小的利润，使得风险与利润不对等，这样做肯定是要吃亏的。

因此，不要轻易满仓、重仓操作，要留出部分现金以备不时之需。更不要全年重仓操作，因为股市不可能常年上涨，即使再强的市道也需要进行调整。虽然弱市中有个别强势股，这百里挑一的事，只能由极少数高手参与。

在实战中，比较明智的对策是：大盘上升趋势形成，可以短时期满仓操作，但要求判断必须准确，不可贸然行事，冲高回落时可半仓操作，进入弱市完全可以空仓。不要期望你能在弱市中捡到便宜，除非你自认是高手，否则不要拿自己的资金往水里扔火里投。

我们知道，在战争中，两军对垒，要分梯队，炒股亦然。重仓操作虽然收益可能会高，但是同时，风险也会很大，这实际上是投资者操作的一种误区，希望大家能够控制住自己贪婪的心态，客观、理智地对待这个市场！

在实战中应该如何做好仓位管理呢？一般来说，有以下几种方法：

（1）简单投入模式。简单投入模式一般来讲是二二配置，就是资金的投入始终是半仓操作，对于任何行情下的投入都保持必要的、最大限度的警惕，始终坚持半仓行为。对于股票市场的风险投资首先要力争做到立于不败之地，始终把握资金使用的主动权。在投资出现亏损的情况下，如果需要补仓，则所保留资金的投资行为也是二二配置，而不是一次性补仓。二二配置是简单投入法的基础模式，简单但具有一定的安全性和可靠性。但二分制的缺点在于投资行为一定程度上缺少积极性。

（2）复合投资模式。一般来说，复合投资模式的投资方式是比较复杂的，严格讲是有多种层次划分的，但主要有三分制和六分制。

三分制主要将资金划分为三等份，买入股票的行为始终是分三次完成，逐次介入，对于大资金来讲建仓的行为是所判断的某个区域，因此建仓的行为是一个具有一定周期性的行为。三分制的建仓行为一般也保留三分之一的风险资金。在三分制已投入的三分之二的资金建仓完毕并获得一定利润的情况下，所保留的剩余的三分之一资金可以有比较积极的投资态度。三分制的投资模式并不复杂，相比二分制来说更加科学，在投资态度上比二分制更具积极性，但这种积极的建仓行为必须是建立在投资的主体资金获得一定利润的前提下。三分制的缺点在于风险控制力相对二分制来讲要低。

六分制是结合二分制和三分制的基本特点，积极发挥两种模式的优点而形成的。六分制的建仓行为，其资金划分如下：将整体投入资金划分为六等份，六等份的资金分三个阶梯。

A：第一阶梯为 1 单位即占总资金的 1/6；

B：第二阶梯占 2 个单位即占总资金的 1/3；

C：第三阶梯为 3 单位即占总资金的 1/2。

六分制的建仓行为相对比较灵活，是 A、B、C 三个阶梯的资金的有效组合，可以根据行情的不同，按照（A、B、C）（A、C、B）（B、A、C）（B、C、A）（C、A、B）（C、B、A）六种组合使用资金。但在使用过程中，不论哪一种组合，最后的一组都是风险资金，同时不论在哪个阶梯上，资金的介入都必须以每个单位逐次递进。

需要注意的是，在以 A、B、C 三阶梯使用资金的同时，也可以在使用 B 阶梯的资金时用二分制，使用 C 阶梯的资金时使用三分制，这样就更全面。六分制是一个相对灵活机动、安全可靠的资金投入模式，在投资行为上结合了前两种方法的优点，但缺点是在使用过程中的程序有些复杂。

（3）组合资金投资模式。组合资金投资模式与前面所讨论的角度不完全一样，严格讲不是以资金量来划分，而是以投资的周期行为来划分资金，主要分为长、中、短周期三种投资模式。一般现在来讲都是将总体资金划分为

4 等份，即长、中、短、风险控制资金四部分。

比较以上各种仓位管理的方法，应该说这些行为并不是一种单一的模式，每种模式都有自己的优缺点，但相对而言，六分制的划分方法是比较科学的。但是，越科学的方法可能就越复杂，因此在复杂的情况下，我们用六分制来划分资金投资股票，同时用二分制、三分制的控制原理来做资金投入分析就比较简单，从而化繁为简。

二、投资考验的是人性

（一）学会与市场先生相处

1997 年 7 月 2 日，泰国宣布放弃固定汇率制，实行浮动汇率制，引发了一场遍及东南亚的金融风暴。当天，泰铢兑换美元的汇率下降了 17%，外汇及其他金融市场一片混乱。在泰铢波动的影响下，菲律宾比索、印度尼西亚盾、马来西亚林吉特相继成为国际炒家的攻击对象。

10 月下旬，国际炒家移师我国国际金融中心香港，矛头直指香港固定汇率制。同时，台湾地区突然弃守新台币汇率，一天贬值 3.46%，加大了港币和香港股市的压力。10 月 23 日，香港恒生指数大跌 1211.47 点；28 日，下跌 1621.80 点，跌破 9000 点大关。接着，11 月中旬，东亚的韩国也爆发金融风暴，17 日韩元对美元的汇率跌至创纪录的 1008∶1，21 日韩国政府不得不向国际货币基金组织求援，暂时控制了危机；但到了 12 月 13 日，韩元对美元的汇率又降至 1737.60：1。韩元危机也冲击了在韩国有大量投资的日本金融业。1997 年下半年日本的一系列银行和证券公司相继破产，于是东南亚金融风暴演变为亚洲金融危机。

在金融风暴爆发时，股市和楼市表现为节节败退，很多股民和炒房者都遭受到了不小的损失。在各种媒体上不断传来股民和炒房者跳楼自杀的消息，而大多数人也都陷入了恐惧之中。对于很多人来说，金融危机无疑是一场噩梦，因为这意味着失业率的增加、公司的破产和股市与房市的暴跌。

很多散户在金融危机爆发时显得非常绝望，看着股价不断地下跌和周围环境的逐渐恶化，经济也在萧条和下滑之中，于是忍受不住心理上的折磨而开始割肉出局。更有甚者从此谈股色变，只有等待股市重新上涨之后才敢再次进入股市，因为他们的操作从来是"买涨不买跌"。

即便是资深的老股民，依然可能承受不住金融危机的巨大压力。在2015 年 6 月初股市刚开始暴跌的时候，我认识的一位老股民，他已经有了将近 20 年的操作经验，起初他仍旧看好中国经济的长远发展，坚持拿住股票不动，可是随着市场逐步下跌，他的信心越来越小。2015 年 6 月底大盘跌至4000 点左右的时候，他认为可能还会有希望，依然继续持有股票；等到 8 月的时候市场迎来最后的疯狂下跌，股指跌破了 3000 点，这时他再也沉不住气了，真的以为股市和经济崩溃了，后市可能还会继续下跌至 2000 点，于是忍痛割肉，清仓出局。截至清仓出局，他的股票已经亏损了 70%，这次操作使他的信心遭受到了非常严重的打击，并且决然地离开了这个市场。没想到几个月后，股指便开始震荡回升。假如他没有卖出股票，他的损失至少没有那么大。

在危机爆发的时候，股市往往会出现快速杀跌，然后在底部寻找最低点的位置，而这个最低点很可能是恐慌盘自相残杀搞出来的大坑。当这样的情形到来的时候对许多散户来说都是梦魇，那么对于我们用价值思维炒股的人来说，应该算是灾难还是机遇呢？

假如将股市看作是一个老先生的话，那么这位老先生并不是那么理性，他也会不断地犯各种各样的错误。如在上涨周期时可能会最终演绎成疯狂的上涨，严重超出了股票的内在价值；而在下跌时也会出现非理性的杀跌，在最低点时股价也会远远低于其内在价值。

因此，"市场先生"总会犯错误，而这种错误带给我们的是机遇而不是灾难。正是在金融危机爆发时，股价连续下挫，才给了我们寻找良好股票买点的机会。以往我们选好了一家不错的企业，打算买入时，却经常发现由于散户的追捧，其股价往往高高在上，而危机爆发导致这些股票遭到众人的抛弃，股价甚至已经远离了它们本身的价值，就像是粒粒金子被遗弃在大街上却没人发现一样。巴菲特曾经说过："天上掉金子的时候要准备好水桶去接。"是啊，当上天赐予我们逆向思维并发现良好买点时，我们应该兴奋而不是颓废。

如果我们再认真分析一下"国家队资金"是如何操作的，那么我们就能够更加清楚自己应该如何应对这场危机。2015年6月初的时候，股市已经上涨到了5178点附近的"高地"，这时政策面上不断传来提示风险的消息，社保基金也开始大量减仓。伴随着去融资融券等杠杆化的进行，股市一落千丈，从5178点一口气下跌至2850点。很多股民都处于绝望之中，当时舆论都说股市即将跌至2500点甚至2000点左右，没想到此时又传出汇金公司——也就是传说中的"国家队"要出手抄底的消息。汇金公司也出面证实了这一传闻，建仓工商银行、建设银行、招商银行等权重银行股。此后市场信心得到了极大的提振，股市也开始回暖，国庆节后就开始出现了大幅上涨。

从以上事例中，我们可以发现"国家队"是相对清醒和明智的。当社保基金或汇金公司大幅减仓的时候，可能是"国家队"认为这个点位过高了，需要谨慎一些；相反，当社保基金或汇金公司开始在低位建仓的时候，它们可能认为这个点位已经存在投资价值。"国家队"的动向，对于我们来说具有参考意义。

（二）贪婪与恐惧

"在别人贪婪中恐惧，在别人恐惧中贪婪"这是股神巴菲特的名言，也是股市赢家的心理秘诀。网上曾经流传过这样的笑话：

某寺庙方丈大慈大悲，多年来投资股市收获颇丰。人尝问曰："方丈真乃佛门股神也，大师炒股可有独家法门？"

方丈答曰："贫僧观股市低迷时，尘世间无数股民套于水深火热之中，不禁动恻隐之心，尽己之所能吃进股票，助其解套，以图善事。其后股市高昂，众人抢购不已。贫僧忙将股票售出，希望能让众股民遂愿购得。多年下来竟然获利极丰，此乃佛祖明察，善有善报者也。"

这个小故事虽然是网友杜撰的，却也道出了股市投资获胜的秘密所在。在股价大幅下跌、市场人气低迷的时候，我们应该大胆进场建仓买入股票。如果股价还出现惯性下探，没关系，如果有钱继续加仓买进，没钱就耐心守候，一直等到股价出现咸鱼大翻身的那一天来临。

正常人的思维显得很贪婪，大多很想买到最底部，卖到最顶部，但是往往会把利润全部都赔进去。在市场中，如果你仔细分析，就不难发现股市形成底部和顶部的时间规律。笔者曾经发现过一个奇怪的特征，读者朋友看完本书后可以验证一下。这个特征就是：通常情况下，股市顶部形成的时间比较长，而底部形成的时间比较短。

究竟是什么原因导致市场会产生这样奇特的现象呢？这要从散户和主力资金的心理来谈起。大家都知道，喜爱追强势上涨的股票是散户的心理，因此几乎每个散户都希望股市能够天天上涨，而极度厌恶股市的下跌。在市场热火朝天甚至疯狂的时候，散户们兴奋异常，不断地在市场中追涨杀跌，市场人气也高涨，这从每天在券商柜台办理的开户数就能反映出来。资金主力就是利用散户的这种心理，同时他们也希望自己的股票能够卖个好的价钱，于是就在顶部或者高位不断地进行震荡派发，直到自己手中的货派发得基本差不多了，图穷匕见，市场也由此开始暴跌；相反，在底部时，市场人气涣散，这时主力抓紧时间搜集筹码，生怕耽误的时间长，筹码会被散户抢去，因此一旦收集得差不多就开始拉升，有的甚至会拉高建仓，以求快速脱离自己的成本区。

通过以上分析，读者不难明白股市顶部时间长、底部时间短的原因了。事实上也正是如此，在市场上升形成头部时，经常会以 M 头或者头肩的形态出现，时间相对比较长；而真正形成底部的时候，则往往会以 V 形底、尖底的形态出现，时间极其短暂。这些可以说是市场上的常识，不知细心的朋友们有没有留意过？

风险的到来总是在大家不知不觉之中。股价由最高峰下跌了 10% 的时候，大多数人认为这只是洗盘，是正常调整，没必要大惊小怪。可是过了一段时间后却发现，股价没有止跌回升的迹象，反倒继续杀跌，股民们越套越深，当自己套牢达到 20% 以上的时候，很多人就开始犹豫了，是该斩仓还是该持有，等待"解放军"的到来呢？

当市场不断下跌，尤其是在持续下跌之后，又出现了快速猛跌的时候，这往往是股民疯狂卖出股票的时候。股市连续下跌，就其本质来说，实际上是风险释放的过程。市场跌得越快、越猛、越急，实际也是风险释放得越快、越猛、越急。当快速猛跌出现的时候，其实股价中所包含的风险被快速释放掉了，相对来说，这时的股价已具有了某种安全性。由于它已经具有了相对安全性，因此这时卖出股票必然是错误的。彼得·林奇对此曾经说过："如果你在股市暴跌中绝望地卖出股票，那么你的卖出价格往往非常之低。"

为什么股民在客观上已经释放了风险之后，往往更多的是采取卖出呢？这是因为人所固有的心理特征所决定的。一般来讲，当下跌开始的时候，大部分人都不会轻易卖股票，而当股价下跌幅度达到 10% 时，人的心理会因现实的损失而产生逃离损失的愿望。当资产产生 30% 损失的时候，正常人的心理特征决定了首先支配他行为的是对损失的惧怕以及对进一步损失的担心，而不再理性思考在资产下跌超过 30% 之后资产是否已经相对安全的问题了。于是，逃离损失的强烈愿望常常成为一种不可控制的行动。

出于对于资金风险的恐惧，很多人在自己的股票大幅杀跌之后"挥泪割肉"。虽然我们都知道这种行为是严重错误的，但是事实上很多股民确实是这样操作的。

所谓"会买的是徒弟，会卖的是师傅"，寻找股票的卖点要比买点更有难度。很多人都希望自己的股票能够卖到市场的最高点，一来可以利润最大化，二来能够显示出自己的水平高超。这样的人是正向的思维，因为人们普遍具有贪婪的心理，可是这种心理带来的后果是可怕的，会给散户带来亏损。

市场上有一句话说"卖股票的时候可以提前一些"，意思是为了防范以后的下跌，人们完全可以在股市冲击高点或者变疯狂前就适当退出，将"最后的一棒"拱手交给别人。笔者也很认同这样的操作方式。当我们通过逆向思维操作，已经获得了丰厚的利润时，当市场出现顶部或即将见顶的特征时，我们已经没有必要再去争取"最后的晚餐"，急流勇退或许是最佳选择。

当股市即将见顶时，有很多特征我们可以观察出来。例如在市场上，开始出现天量天价、股票和指数在高位震荡、妖股乱飞时，很多一线股和二线股在经历了大幅上扬后选择在高位休整，三线的股票和滞涨股开始发力，ST的股票也开始登台表演；在市场人气上，开始出现疯狂的局面，街头巷尾大家都在谈股票，甚至连卖白菜的大妈也知道买股票能挣钱，政策方面风向骤变，政府开始不断地提示风险等。

从周围各种狂热的局面中我们似乎可以看到风险的逐渐来临，为了更加直观和方便以后记忆，笔者特意将这些特征总结如下：

· 股市经历了大幅上涨，不断出现天量天价；

· 指数开始高位震荡，妖股不断出现；

· 市场人气趋于疯狂，周围不炒股的人也开始大量谈论股票；

·各证券营业部开户的人数创出新高，甚至出现排队开户的情形；

·经济面欣欣向荣，但出现过热的苗头，通货膨胀不断严重；

·政府开始提示风险，出台各种紧缩政策但效果还并不明显；

·新股发行速度加快，上市融资和IPO频频。

如果市场中出现了以上几种情况，就表明市场在大幅上涨后又有了下跌的可能，而且政府对于这个点位可能感觉有些偏高，需要泼些凉水给股市"降降温"了。毕竟股市的走势是呈波浪式的，有起就有落，上涨和下跌本来就是最正常不过的事情。

（三）逆向思考

在这个躁动的市场上，以炒股为职业的全职股民大有人在，这甚至成为中国股市的一道独特的风景。有一部分是功成名就后感叹做实业太辛苦，炒股只需要每天看盘就可以了，因此放弃实业专门炒股的人；还有一部分人是认为工作挣钱太少，不如炒股来钱快，索性辞职后全职炒股。

但是，这些人绝大多数并没有取得自己想要的结果，相反，他们几乎全部掉入了股票亏损的泥潭。太阳下没有新鲜事，有人曾经说过，"投机的历史比山岳还古老"，但是投机最终能够获胜的又有几人呢？

每年年底的时候，各大证券公司都会统计全年股民亏损和盈利的比重。根据央视财经频道披露的一个针对2022年股民投资情况的调查结果，调查样本选取了76.46万股民参与，其中有92.51%的散户处于亏损，仅4.34%的股民实现盈利，其余不赚不亏。通过对市场情况进行深入分析，我们认为2022年股民亏损的原因主要有以下两点：首先，这与2022年的市场环境有关。从2022年A股大盘来看，上证指数从年初的3650最低跌到2850，跌幅约22%；深证指数从年初的14940最低跌到10087，跌幅约32%。由于深证指数代表了较为真实的市场环境，因此在泥沙俱下的"熊市"中，股民亏损很正常；其次，在全面注册制实施的背景下，散户以往"追涨杀跌"的操作方法往往会失灵，原有的盈利模式遇到了重大的挑战。

一般来说，在股指震荡调整的走势中，盘面上能够逆势走强的股票只是少数，而且在下跌周期中经常是今天强明天就弱，很难操作。另外，常满仓会使人身心疲惫，失去敏锐的市场感觉，错过真正的良机。许多股民都是这样，钱在手里放不住三天，生怕踏空，究其心理就是想追求利润最大化。这种类型的股民，不论大户、散户，无不损失惨重。

不只在熊市下跌的过程中普通股民难以挣到钱，在行情上涨的时候也难挣到大钱。很多人在市场上升趋势时好不容易才选到一只黑马股，结果挣了两三元钱就深感满足，非常害怕吃到嘴里的肉又飞了，急急忙忙抛掉股票去买另外一只股票。结果，新换的热门股因为前期大涨过陷入了调整，长时间后翻回原来的股价，而之前卖掉的那只却已经飙升起来了。股民每天生活在后悔与痛苦之中，不断地频繁换股和大量的手续费使得股民在牛市中根本没法取得理想的利润。而牛市的时间比熊市要短暂，时间就这样在反复折腾下慢慢过去，随着熊市的到来，在牛市中根本没挣到钱的股民又要接受下跌的洗礼，新一轮悲剧又开始了……

每当一轮暴跌过去、市场转危为安、人气逐渐活跃的时候，股指可能就会迎来一轮新的上涨行情。这时候，盘面上会出现多家股票涨停的"百花齐放"的情形，让人看了感觉非常兴奋。但是，此时如何选择股票却是一个难题，是追逐盘中的热点，还是选择被低估的、尚未启动的滞涨股呢？

事实上，如果要用一个最常见的词语来形容散户的操作，这个词语非"追涨杀跌"莫属。"追涨"是指当股票涨起来时及时追进去，而"杀跌"是指一旦判断股票下跌趋势已成及时杀出来。追涨是盈利的手段，杀跌是避免亏损或减亏的手段。

"追涨就是见股票上涨就激动，马上就会有买入的激情，买入后股票下跌就会胆战心惊，只有卖出以寻求解脱。"这是一般人对"追涨杀跌"的解释。

客观地说，"追涨杀跌"这个词并没有什么很明确的褒义或贬义，只是一个中性词，是一个对人们股市操作的行为进行说明或描述的词而已，而这个词的褒义或贬义完全是由人们这一行为所产生的后果而附加上的。从散户追涨杀跌操作的结果来看，并没有取得理想的收益，甚至绝大多数是亏损的。因此，很多散户就陷入了"追涨—套牢—割肉—再追涨—套牢—割肉"的恶性循环。

究竟如何才能避免这种"悲剧"的发生，使中小散户可以安全、稳健地在大盘强劲的时候获得收益呢？其实并不难，秘诀就在于选择前期滞涨的股票，这样可以等待市场补涨机会的到来。因为市场是公平的，各板块之间也是轮流向上涨的，虽然各板块的启动时间有先有后，但总体上最终涨幅几乎是均等的。

曾经有人做过这样的数据统计，一轮牛市下来，除了几个防御型的品种（如高速公路）之外，其余各板块涨幅几乎完全接近。因此在牛市中没必要频繁换股，市场是钟爱能耐住寂寞的人的。同理，在火爆的行情中，选择前期滞涨的股票是上上之策，尤其适合于大中型的资金运作。

例如，在市场上升趋势中，按照道理来说不同板块的个股是轮流上涨的，有些板块是受益于各种利好消息会先发力，在它们的带动下其他板块也会随之上涨。在市场刚上涨不久后，很多散户都会去追高已经上涨了的个股，认为只有追到这些龙头板块才有利润。

事实上，如果一味地追逐热门股票，很有可能会陷入失败的泥潭。因为行情启动的时候，有领头的股票已经早已"揭竿而起"，当普通人发现的时候已经涨幅达到50%以上，甚至已经翻倍；这时如果散户不顾一切地杀入，往往会成为站在高岗上的"守望者"，极有可能会被套时间多达几周、几个月，等到解套的时候，行情或许已经结束。

而有的股民虽然买入低位滞涨的股票，但是心理素质不过关，每天看到自己买入的股票像一潭死水一样窄幅波动，而一匹匹黑马在盘面上不断流窜，急于挣快钱、大钱的心理使得自己心急如焚，最终忍不住终于把手头的优质股票卖出，甚至是割肉出局，然后去追强势股。结果，刚卖出没几天，再回头看看，那只曾经被自己唾弃的股票却成了黑马，一路狂奔、扶摇而上，原来是自己将牛股卖到了启动点附近。这就是为什么很多股民不住地哀叹"一卖就涨、一买就跌"的原因所在。

那么普通投资者究竟如何才能在这个市场中盈利呢？善于运用逆向思维操作，就是一个非常不错的方法。

例如，在市场人气低迷、甚至人们开始绝望的时候，新一轮行情很可能就要到来了。比如在经历了 2015 年的大幅下跌之后，尽管市场上的那种"血淋淋"的散户割肉的场景还历历在目，但是令人非常欣慰的是，很多股票的价格对于我们来说重新具备了吸引力。

股票市场就是这样，当经济非常不景气、绝大多数人都以为还会下跌、甚至会退市的时候，正是我们逆向思维者播种的时期。这个阶段买入股票就像买入会生金蛋的母鸡，在不久的将来为我们生下很多的金蛋。

相反，当市场开始狂欢的时候，我们就应该警惕了，因为可能暴风雨随时就会来临。

常记得在 2007 年股市疯狂的时候，当时几乎所有的股民都不相信股市会下跌。

当股市稍微有些调整的时候，有些股民就准备去"抄底"，完全没有意识到市场已经处于在 6000 点的高位上。谁都没想到，"压倒骆驼的最后一根稻草"终于出现了，这些狂热的投机客最终付出了惨重的代价。

在股市狂欢的时候，"炒股理财"已然成为了社会上的一种时尚。

2007 年下半年，没入市的人们听说炒股票很赚钱，周围的股民也眉飞色舞讲述自己的传奇，补胎的老张买入佳通轮胎赚了一辆小汽车，扫马路的大妈买入菲达环保连续吃了三个涨停等。于是新股民纷纷入市，证券公司柜台前开始排队开户。

周末，如果你去喝咖啡或住酒店，就可以看到打着大幅的条幅，上面写着"某某专家投资理财讲座"或"某某投资公司的股评报告会"。与之形成鲜明对照的是，酒吧在打6折，茶楼开始打5折……

大街上到处是新开的证券公司在装修，书店里和股票有关的书籍卖得特别好，你不时会接到投资公司打来代你委托理财的电话，大家讨论的话题都是股票……社会上几乎所有的现象都和股票有关，仿佛如果你不炒股就已经落伍了，跟不上时代发展的脚步了。

以上现象就是"股市狂欢"时的盛况，"炒股"成为社会中的一种潮流，几乎人言必谈股票，这时就是非常危险的信号了。因为，行情总会在狂欢中结束，当"夜宴"结束的时候，最终留下的都是付账埋单的人。

很多股民都喜欢在每年年底的时候认真研读各大券商机构对下一年的年度策略报告，但是却并没有利用这些研究报告取得相应的效果。尽管这些券商机构将各种理由描述得头头是道，但是预测的结果却几乎是完全相反的。例如，坊间传闻2022年某证券公司的十大预测中，错了八个半；甚至有人专门将每年券商的预测视为"反向指标"。

这不能不说是各大券商机构的尴尬！这些分析和预测和最终结果相比可以说是"雷人"的，让所谓的各种"专业机构"都难以接受。有些媒体甚至将每年年底的机构预测当作是股市中的"娱乐"，更有甚者，在第二年会统计出"十大最不准的预测机构排名"。

为什么这些券商机构难以预测股指真实的走势，而且结果相差这么大呢？

是这些人的智力水平不够吗？显然不是。这些人一般都是全国各大名牌高校的硕士以上的学历毕业，而且工作前均接受了严格的考核和训练，在智力上完全没有任何问题，而且还可以说智力水平均在上游以上。

是这些人不花费精力认真研究，只是凭着自己的直觉胡思乱想瞎写的预测报告吗？肯定也不是。因为这些研究机构每月花费不菲的人力成本来雇佣这些研究人员，他们的工资待遇在国内各行业中绝对算得上"金领"，而且这些研究机构都设置好各种严格的考核制度，对这些研究员进行业绩考核。由此可以想象，这些研究人员为了保住自己的饭碗和不错的待遇，同时也为了在业内得到不错的名气，每个人都会尽心尽力地试图将预测结果弄得更加准确一些，结果仍然取得了这样不尽如人意的效果，这到底是怎么了？

笔者认为，出现这种现象的原因是源于这些券商机构的"从众心理"。很多机构在研判未来股指的走势时，只是看到了眼前股指短暂的走向，却不能够在判断宏观经济和政策的基础上做出长远的判断。如果今年股市大涨，他们就判断明年还会继续大涨；如果今年股市出现下跌，于是就判断明年还会下跌。只看到短暂股指的走势，却没有考虑到其他因素的变化，导致他们的判断几乎和散户的判断没有差别。

种种事例表明，券商机构的预测大多都是非常"雷人"的，各种股票和股指的分析也根本无法达到正确的预期。

我们知道，大部分人的行为可以通过市场人气反映出来，而绝大多数人在这个市场上最终是失败者，那么我们就应该好好利用市场人气进行逆向操作，这样才有望在市场上获得成功。

通过多年的研究，笔者认为可以使用以下简单易行的方法来操作：

多留意证券交易所的新股民开户数，当市场火爆、开户人数不断创新高的时候应该提高警惕；当市场冷清、开户人数少得可怜时则要注意机会的来临。

当然，如果你是上班族或者是各公司的白领，平时没有多余的时间去证券交易所观察这种现象，那么你可以浏览各大财经门户网站，一般的网站每天都会刊登出这方面的统计数据。

总之，如果在股票实战操作中善于运用逆向思维，不但可以减少操作中的风险，还可以较为容易地获得收益。因此，逆向思维是股票实际操作中的一把利刃，值得投资者重点关注和学习！

三、理性投资

（一）安全边际

对于普通散户来说，风险主要存在于以下几个方面：

（1）技术风险。这一点主要针对大盘上涨或下跌途中的休整来说的，散户经常在这之间进行追涨杀跌，但是对中长线投资者没有任何意义，只对短线客有所影响。

（2）政策风险。如央行加息、提高存款准备金率等一系列对冲流动性的紧缩措施，一般会引发股市急跌。虽然表面上人们对这些政策都有所了解，但是真正能够融会贯通的却并不多。

（3）股灾风险。这种风险源于战争、金融危机或其他天灾等非技术因素。该风险一旦出现，将会形成"多米诺骨牌"效应。"覆巢之下，焉有完卵"，故需小心防范。

以上3个方面是普通投资者通常面临的风险。另外，散户在操作中由于频繁交易，除去交易中正常发生的损益之外，还得缴纳印花税、手续费等多种税费，因此非常容易造成亏损。

我国清朝学者陈宪章说："学贵有疑，小疑则小进。大疑则大进。疑者，觉悟之机也，一番觉悟一番长进。"爱因斯坦也曾经说过："提出一个问题比解决一个问题更重要，因为解决一个问题也许仅是一种技能，而提出新的问题、新的可能性，从新的角度去看问题，却需要创造性的想象力，而且标志着科学的真正进步。"世界上的许多创新都源于质疑。炒股也同理，股民朋友避免风险，获得收益，也需要养成逆向思维、敢于质疑的良好习惯。

例如，在市场人气非常低迷、股价便宜、政策也开始出现向好的拐点时，我们开始介入股票，虽然由于惯性股价可能还会继续下挫，但是此时已经离市场的底部不远。假如这时买了之后暂时被套住的话，那么这个套可以看作是"黄金套"。只要你耐心守候或者在低位再次补仓而摊低成本，那么这个风险就几乎可以忽略不计，因为只要大盘出现略微的"风吹草动"有所反弹，那么这个"黄金套"就能彻底解开。

再比如在市场人气高亢之时、股价暴涨之后、政策调控不断升级的时候，我们卖出手中的股票，尽管股票价格可能还会有惯性上冲的可能，但是山顶就在不远之处。就像是吃鱼一样，何必鱼头和鱼尾都吃到呢？我们能够吃到大部分鱼身就足够"吃饱"了。我们在大盘或股票见顶之前卖出，既可以回避见顶后股票回落的风险，又能够将前期的利润落袋为安，这样又何乐而不为呢？非要说是"踏空"的话，只是没有抓住最后冲顶的那一段微不足道的利润，对于我们理性的投资者来说，过于强求就显示了心中的贪婪与浮躁。

既然在底部和顶部都没有什么风险，那么在底和顶之间又如何呢？我们在底部买入股票后，就开始了持股的过程。在这需要耐心而又枯燥等待的过程中，似乎失去了抓"黑马"或"大牛股"的乐趣，但是，我们都知道，在上涨途中频繁换股其实是利润的最大杀手，我们持股不动则正好回避了这样的缺陷。另外，当你在高点卖出股票后，开始空仓观望的过程中，这一阶段更无任何风险可言。

综合以上分析，逆向思维炒股的风险非常小，即使是买入过早，存在"黄金套"，或是卖出过早，没抓到最后一截利润，也都是微不足道的。总之，逆向思维的利润将远远大于风险，股市有风险不等于没有"安全边际"。

下面举一个例子，通过这个例子我们能看到逆向思维可以取得的成就：某时装店的经理不小心将一条高档呢裙烧了一个洞，其标价一落千丈。如果用织补法补救，也只是蒙混过关，欺骗顾客。这位经理突发奇想，干脆在小洞的周围又挖了许多小洞，并精心修饰，将其命名为"凤尾裙"。"凤尾裙"销路顿开，该时装商店也出了名，逆向思维还带来了可观的经济效益。无跟袜的诞生与"凤尾裙"异曲同工。因为袜跟容易破，一破就毁了一双袜子，商家运用逆向思维，试制了无跟袜，创造了良好的商机。

生活如此，炒股也是如此。在投资中，假如你反复应用逆向思维操作的话，如果坚持下去，将会取得惊人的成果。

巴菲特多年坚持使用逆向思维投资，最终跻身于世界财富的前三甲之列。巴菲特创造了前无古人的投资成绩，他的投资成绩每年平均复息增长24%，保持达30多年之久。假如你在1956年将1万美元交给他，今天这笔钱已超过1.4亿元，当中还扣除了所有税收和有关的交易费用。

这已经足够具有代表性，说明通过运用逆向思维炒股可以取得不错的成绩。按照目前的生活水平，现在每个人基本上都能活到70岁，如果你从40岁开始投资，那么你可以有30年的时间来操作。一般来说，30年最少可以经历6或7个牛熊转换，在这些时间轮回中如果你能坚持逆向思维炒股，那么你的收益将是非常可观的。

许多散户都想过如何能够快速挣到钱，有的想的则是如何在交易中获得乐趣，但是时间一天天过去，当大量时间流逝后，你却发现两手空空，一无所获。

这种情况是怎样出现的呢？原来时间并不是"公平"的，当你忙忙碌碌在股市中辛勤"劳动"时，却发现自己并没能够收获自己所想要的；反之，一些看似"懒惰"的人却挣到了大钱。

证券市场作为典型的周期型行业，用通俗的话说就是"涨多了就会跌，跌多了就会涨"。在经历了一轮暴跌或者熊市的洗礼之后，市场会在低位展开一段时间的震荡休整，或者是估值修复的行情。此时，很多股票都会由很高的价格跌至低点，比如 2015 年 6 月份股市大幅下跌后，很多股票都跌了将近 70%，甚至有的股票在短短 3 个月内下跌 90% 之多，情形极其惨烈！是不是因为这些公司的经营状况发生了重大的逆转或者困难了呢？其实不然，有些优秀的企业，即使遭遇国际经济危机，在经营上发生一些挫折也只是短暂的，或者说并不能影响它们的长期发展，股价的大幅震荡只不过反映了人们对于目前危机的过分担忧而已。

在股市低迷的时候，买卖股票被周围的人看作"败家子"的行为，散户在反复杀跌割肉之后对股票市场已经彻底丧失信心，而市场上各股票的成交量也低迷得非常可怜。在熊市或暴跌后股市会非常低迷，但是此时市场上会频繁地出现"安全边际"。所谓"安全边际"是指股票内在价值与价格相比被低估的程度或幅度。根据定义，只有当内在价值被低估的时候，才存在安全边际或安全边际为正；当内在价值与价格相当的时候，安全边际为 0；而当价值被高估的时候，则不存在安全边际或安全边际为负。

当市场中有一二百只股票的价格低于每股 2 元，而且不少优质股票开始跌破净资产、很多新股跌破发行价的时候，多数股票的内在价值已经开始低于其市场价格，盘面上可以说是"遍地黄金"，我们低头捡金子的时候就到来了。

事实上，在市场极度低迷的时候，一般散户是很难有勇气买入股票的。正如巴菲特所说的一样，市场中的人们会有两种极端的心理，这就是"贪婪"和"恐惧"。在市场暴跌之后，散户普遍的表现为"元气大伤"，要么被套牢，要么经多次割肉本金已经所剩无几，即便是刚入市的新手也被下挫的走势吓得难以下手买股，市场"恐惧"的心理已经极度渲染。和普通的散户相反，巴菲特认为，市场越低迷，这时候股票投资的安全边际区域就越大，投资安全性就越强，投资回报率就越高。因此，当市场极度低迷，股票的价格已经落入"安全边际"的时候，我们这时需要的不是"恐惧"，而是"贪婪"，这是我们进场的大好时机。

（二）守住自己的能力圈

巴菲特的人生座右铭是："了解你的能力圈并坚守在圈中。"他的商业伙伴查理·芒格补充道："如果你试图在自己的能力圈外的事情上取得成功，那你的职业生涯将会非常糟糕。"一个人一生要避免一塌糊涂，最明智的做法，是认清自己的能力，并且固守在那里。这两年很多人都提倡要跳出舒适区，更倡导在能力圈范围外做事情。殊不知，守在自己的"圈内"同样也会带来惊喜，这份惊喜通常来于专注带来的复利。就像年轻时候，比尔·盖茨沉迷于编程，史蒂夫·乔布斯沉迷于书法和设计，而沃伦·巴菲特更是在 12 岁时便将自己的第一笔零花钱投进了股市，并在此后一直痴迷于投资。今天没有人会说他们挥霍青春，恰恰相反，正因为他们痴迷于某种东西，才会为此花费了成千上万个小时，成为大师。

为什么要强调坚守"能力圈"？道理很简单，一个卓越的程序员比一位不错的程序员强上两倍、三倍甚至十倍。在解决同样的问题时，前者需要花的时间仅仅是后者的几分之一。律师、外科医生、设计师、研究员和销售员的世界也是如此。圈内和圈外，二者之间存在着千百倍的差别。坚守自己的能力圈，也意味着量力而为。当你在能力圈内积累的势能越多，你不知不觉会觉得自己投入产出比越来越高，获得的满足感也自然会越强。这时你会觉得，在能力圈内投入 1 小时，会比圈外投入 1000 小时更加值得。

在 1998 年股东年会上，巴菲特被问及是否考虑过未来某个时候投资科技公司时，他回答说："这也许很不幸，但答案是不。我很崇拜安迪格鲁夫和比尔·盖茨，我也希望能通过投资它们将这种崇拜转化为行动。但当涉及英特尔和微软股票，我不知道 10 年后世界会是什么样子。"巴菲特坚持做消费行业的投资，因为他不是理工、商科出身，看不懂科技，根据自己的能力圈，一生坚守消费和价值投资，当然很少的情况下他偶然投资过科技股，业绩却不好，更加坚定了他的坚守。

巴菲特对科技股的疑虑与回避，无疑暗合了保守主义思想。正如20世纪英国保守主义政治哲学家奥克肖特所说的："保守就是宁要熟悉的东西不要未知的东西，宁要试过的东西不要未试的东西，宁要有限的东西不要无限的东西。"同样是奥克肖特，他把知识分为两类：一种是技术性知识，一种是实践性知识。前者有如高科技股票，后者有如消费股票。保守主义者不喜欢技术性知识，深爱实践性知识。所以在投资领域，保守的投资者回避高科技公司，因为没人知道高科技公司10年后还靠什么产品赚钱，但10年后大家仍然知道消费企业在卖什么。

"守住你的能力圈"，这不仅要意识到自己已经知道多少，更要意识到自己的认知能力和知识范围的局限性。这说起来简单明确，但其实并非轻而易举。可能很多人会同意，只投资自己理解的公司。但何谓能力圈意义上的理解呢？了解公司产品性能，看懂公司商业模式，熟悉财报，理解公司战略，这都还不足以称得上理解。真正的理解，是指投资者有能力看清作为潜在投资对象的公司10～20年后的未来。巴菲特显然赞赏能力圈原则，他曾说过："如果你不想持有一支股票10年，那么你就不要持有它10分钟。"

在现实中，很多人担心资金不够、业务能力不够、管理和运作能力不够、担心风险承受能力不够等，而我们一到股市就大变模样，只要看到股票扶摇直上、有利可图就觉得自己有如神助，能够左右逢源，老想着去试一把，不试都觉得很后悔、很遗憾。在股市中，投资者之所以常常会产生这种想法和做出这种超出自己能力圈的事情，主要是我们把股市当作虚拟市场和虚拟社会了。诱惑之所以是诱惑，就是因为它总是顺着人的本性让你对眼前的事物垂涎欲滴。

（三）坚持长期投资

股市中有句每个人都耳熟能详的话是这样说的："长线是金，中线是银。"世界上各大股市赢家都偏好于长线投资，例如美国股神沃伦·巴菲特长年持有优质的股票，甚至对可口可乐、华盛顿邮报等业绩优良的股票终生持有。他们在股市中获得了极大的成功，取得了令人艳羡的业绩。巴菲特说过："资本市场是一个财富再分配系统，它将金钱从没有耐心的人转移到富有耐心的人，其核心是——长期投资。"

随着巴菲特连年蝉联全球财富排名的前三甲，中国证券市场学习巴菲特理论的热潮逐渐兴起。最夺人眼球的是，赵丹阳花费巨资请巴菲特共进午餐，仅仅 3 个小时后就声称自己"受益匪浅"。此外，各大基金公司的基金经理大多都奉行"长线是金"的操作策略，选好股票后就准备长线持有，连一些私募基金也实行这种操作机制。

虽然不排除一部分长线投资者取得了一定的战绩，但让人失望的是，在我国这个新兴市场中，真正能够理解长线投资的人少之又少。很多股民被贪婪与狂热的心理所左右，在短线追涨强势股的时候恰逢股票调整，之后该股价格又开始连续下滑，而被严重套牢。因不舍得割肉出局，于是"短线变长线"，还安慰自己说是"打算进行长线投资"。在现实中，这些"被长线"的股民占据了长线操作者的较大部分。

另外，市场上长线投资的股民对"长线"的理解也有不少问题。我曾经认识一位自称是长线投资者的股民，他自己开了一家投资理财公司，帮助一些散户操作。在他不断吹嘘长线投资可带来丰厚利润的诱惑下，很多散户将自己的资金交给他代为操作。不幸的是，好多散户是在 2015 年股市大反弹时开始进入市场，这位朋友依然按照既定的长线思维进行操作，没想到 2015 年 6 月股市出现非理性暴跌，竟然从 5178 点下跌至 2850 点。原本他的心态极好，相信"长线绝对没有错误"，结果到了 2900 点左右的时候如坐针毡，再也承受不了股市的下跌和各种客户责怪的压力，忍痛彻底清仓。这次交易下来，他和客户的很多股票亏损达到将近70%，因为双方有协议约束，所以不但自己的资金严重缩水，他还要赔偿客户的资金损失，结果他元气大伤，投资咨询公司也破产关门。

以上实例证明，很多股民对于"长线投资"的理解存在误区，肤浅地认为只要随便买一只股票，几年后就可以发家致富了。如果真是那样的话，世界上很多人都会成为股神，股市也就成了每个人的"自动取款机"，这种想法未免太过于天真了。

之所以说在中国股市上真正理解巴菲特长线投资思维精髓的人非常少，是因为大多数人根本不能用平常心来看待投资。很多人只是浅显地看到了事物的表面，却完全看不到其本质。举例来说，巴菲特曾在1～2港元的价位大量购买"中国石油"的H股股票，时隔几年在12港元左右将其全部抛出。巴菲特并没有盲目地持有该股票，尽管后来该股最高上涨至15港元，他也不为所动，用他的话来说是"价格已经被高估，超越了安全边际"。

如果你认真分析，就不难发现巴菲特的长线操作其实是附加其他原则的，而这个原则就是所谓的"安全边际"。当股票在安全边际之内时，可以一路持有股票；一旦股价已经超过了安全边际，就应该考虑减仓和清空。

具体时间长度上，通常情况下一年以上的持有者就应该算是长期（线）投资了，但是有好多股东几乎是几年乃至十几年持有同一股票，这更是长线投资了。长线，多数情况下是以基本面为依据或者买入后期待公司出现大的发展进而带动股票价格出现涨幅。一般来说，一家公司的基本面很难在几个月内出现明显的转变，所以，如果以这种思路去介入股票的话，往往要持续一年以上。

对于长线投资者来说，投资前要制订好详细的仓位计划，可以利用金字塔方式建仓，上涨时逐步减仓，下跌时逐步补仓，这样可以长期缓慢降低成本，利润也会显现出来。值得关注的是，金字塔建仓方式是全世界较为风行的建仓操作法之一，无论是欧美的投资大师，还是一般的投资基金，都使用金字塔建仓法操作。它的特点就是将买入的投资品种的平均价格保持在次低价格。

四、投资忠告

（一）懂得经济周期

懂得经济周期，是为了更好地做价值投资。巴菲特曾经说过：在恐惧中疯狂，在疯狂中恐惧。可见巴菲特是大周期中抄底、逃顶的高手，而且巴菲特从早期也是一直这么做的。

社会经济运行经常表现为扩张与收缩的周期性交替，每个周期一般都要经过衰退、萧条、复苏、繁荣四个阶段，即所谓的景气循环。经济周期循环对股票市场的影响非常显著，可以这么说，是景气变动从根本上决定了股票价格的长期变动趋势。

通常经济周期变动与股价变动的关系是：复苏阶段——股价回升；繁荣阶段——股价上涨；危机阶段——股价下跌；萧条阶段——股价低迷。经济周期变动通过下列环节影响股票价格：经济周期变动—公司利润增减—股息增减—投资者心理和投资决策变化—供求关系变化—股票价格变化。在影响股票价格的各种经济因素中，景气循环是一个很重要的因素。

值得重视的是，股票价格的变动通常比实际经济的繁荣或衰退领先一步，即在经济高涨后期股价已率先下跌；在经济尚未全面复苏之际，股价已先行上涨。国外学者认为股价变动要比经济景气循环早4～6个月。这是因为股票价格是对未来收入的预期，所以先于经济周期的变动而变动。正因为如此，股票价格水平已成为经济周期变动的灵敏信号或称先导性指针。

从长期和根本上看，股票市场的走势和变化是由一国经济发展水平和经济景气状况所决定的，股票市场价格波动也在很大程度上反映了宏观经济状况的变化。从各国证券市场历史走势不难发现，股票市场的变动趋势大体上与经济周期相吻合。

在经济繁荣时期，企业经营状况好，盈利多，其股票价格也在上涨。经济不景气时，企业收入减少，利润下降，也将导致其股票价格不断下跌。但是股票市场的走势与经济周期在时间上并不是完全一致的，通常，股票市场的变化要有一定的超前，因此股市被称作宏观经济的晴雨表。

（二）保守型投资者夜夜安枕

股市永远风云变幻莫测，在这个市场中，有赢家也有输家。自古至今以来，收益与风险就是一对"孪生兄弟"，高收益必然伴随着高风险。有人将股市比喻称为大海，股市确实犹如大海，平静的海面下往往暗流涌动，有通坦的航道，也有暗礁密布的险滩，有一派平和的蔚蓝景象，也存在着疾风骤雨的夜雨咆哮。在我们进入股市，准备享受投资收益的时候，我们有必要问问自己，有没有考虑到风险因素，有没有做好股海泛舟，激浪搏杀的物质和精神心理准备。

费雪曾经说过：投资者的工作是以盈利为目的聪明地承担风险。能够出色地做到这一点，是最好的投资者与其他投资者之间的区别。在这些投资者中，保守型投资者夜夜安枕。

那么什么是股市的风险？"股神"沃伦·巴菲特把它理解为损失的可能

性或者概率，并非损失的幅度。一般地我们认为，所谓股市中的风险是指在竞争中，由于未来经济活动的不确定性，或各种事先无法预料的因素的影响，造成股价随机性的波动，使实际收益和与预期收益发生背离，从而使投资者有蒙受损失甚至破产的机会与可能性。简言之，股价波动的不确定性带来的炒股赔钱的可能性就是股市风险。

股价会有波动的不确定性，是因为影响股价的因素众多，它们的合力决定了股价，这些因素是瞬息万变的，它们的不确定性自然决定了股价的不确定性。这些因素诸如自然界、国际、国内、政治、经济、军事、技术、行业、企业、政策、传媒、心理等，无时不在变化着。那么股市作为灵敏的晴雨表自然呈现出瞬息万变的景象。

股市中的风险究竟有多少呢？从风险与收益的关系来看，股市中的投资风险可分为系统性风险和非系统性风险两种。

1. 系统性风险

众所周知，成熟的股市是"国民经济的晴雨表"。宏观经济形势的好坏、财政政策和货币政策的调整、政局的变化、汇率的波动、资金供求关系的变动等，都会引起股票市场的波动。对于投资者来说，这种风险是无法消除的，人们无法通过多样化的投资组合进行证券保值，这就是系统风险的原因所在。一般来说，系统性风险的构成主要包括以下四类风险：

（1）政策风险。政府的经济政策和管理措施可能会造成股票价格的震荡，这在我国股市表现得尤为突出。经济、产业政策的变化、税率的改变，可以影响到公司利润、债券收益的变化；证券交易政策的变化，这些可以直接影响到股价的价格。因此，每一项经济政策、法规出台或调整，对证券市场都会有一定的影响，从而引起市场整体的波动。例如2007年5月30日晚上财政部突然宣布提高印花税，造成了短期内股市大幅杀跌，很多股票出现了连续5个跌停板。

（2）利率风险。一方面，上市公司经营运作的资金也有利率成本，利率变化意味着成本的变化，加息则代表着企业利润的削减，相关股票价格反映内在价值，必然会伴随着下跌；另一方面，流入股市的资金在收益率方面往往有一定的标准和预期，一般而言，资金是有成本的，同期利率往往是参照标的，当利率提升时，在证券市场中寻求回报的资金要求获得高过利率的收益率水平，如果难以达到，资金将会流出市场转向收益率高的领域，这种反向变动的趋势在股票市场上尤为突出。

（3）购买力风险。在现实生活中，由于物价的上涨，同样金额的资金未必能买到过去同样的商品。这种物价的变化导致了资金实际购买力的不确定性，称为购买力风险或通货膨胀风险。同样在证券市场上，由于投资股票的回报是以货币的形式来支付的，在通货膨胀时期，货币的购买力下降，也就是投资的实际收益下降，将给投资者带来损失的可能。

（4）市场风险。所谓市场风险是证券投资活动中最普遍、最常见的风险，当整个股票市场连续过度的上涨，股价已远离合理价值区域之后，股价上涨主要依靠资金简单流入堆砌，此时趋势投机代替了价值投资，但泡沫总有破灭的一天，当后继投资者不再认同没有价值支撑的股价，市场由高位回落便成为自然，这种转折趋势一旦形成，往往形成单边没有承接力的连续下跌，这在过去世界各国的股灾中已被证明，这也是市场参与者无法回避和必须接受的风险。所谓"市场在疯狂中见顶"，就是市场风险的形象说明。

2. 非系统风险

除了系统风险之外，股市中的另外一种风险就是非系统风险。我们知道，单支股票价格同上市公司的经营业绩和重大事件密切相关。公司的经营管理、财务状况、市场销售、重大投资等因素的变化都会影响公司的股价走势。一般来说，这些风险主要影响某一类证券，与市场的其他证券没有直接联系，投资者可以通过分散投资的方法，来抵消该种风险。非系统风险主要包括以下四类：

（1）企业的经营风险。证券市场交易股票的价格，从根本上说是反映上市公司内在价值的，其价值的大小由上市公司的经营业绩决定。然而，上市公司本身的经营是有风险的，经营上潜藏着不景气，甚至失败、倒闭的风险，从而造成投资者收益本金的增加或损失。

（2）财务风险。所谓财务风险是指公司因筹措资金而产生的风险，即公司可能丧失偿债能力的风险。公司财务结构的不合理，往往会给公司造成财务风险。形成财务风险的因素主要有资本负债比率、资产与负债的期限、债务结构等因素。为了应对财务风险，投资者在投资股票时，应注意对公司报表的财务分析。

（3）信用风险。信用风险也称违约风险，指不能按时向证券持有人支付本息而使投资者造成损失的可能性。对于股票来说，一般这种风险比较少，只有在公司破产的情况下才会出现。

（4）道德风险。道德风险主要指上市公司管理者的道德风险。如果按照股票的意义来讲，上市公司的股东和管理者是一种委托—代理关系。由于管理者和股东追求的目标不同，尤其在双方信息不对称的情况下，管理者的行为可能会造成对股东利益的损害。

应该说，以上几种风险把股市中的几乎所有风险都囊括在内了。股市是一个风险很大的场所，我们知道，日本的股市已经走了长达20多年的熊市了，而中国的股市从2008年以来也一直处于漫漫的熊途之中。作为普通的投资者，如何才能在这个市场中长期生存？唯一的办法是客观对待这个市场，正视股市中的风险，并且采用合理、有效的方法、策略来防范这些风险。系统风险或许是不可控的，但是非系统风险应该说是可以通过我们的努力，使它降低到最小值的。

俗话说"铁打的营盘流水的兵"，股市也是如此，新老股民的不断更迭，使得这个市场具备了活力。但是要想在这个市场中长期生存，就要学会管理风险的方法，这样就相当于在茫茫的股海中穿上了"救生衣"，帮助你保驾护航。

（三）相信时间的玫瑰

在股市中，每个参与其中的投资者都希望自己能够快速获利，有的人希望"每天盈利 3 个点"，有的甚至给自己制订了严格的操盘计划和目标，希望自己能在一两个月之内就能使资产翻倍，但是在这样浮躁的股市中，结果和预想的"计划""目标"等往往背道而驰，并容易使人产生挫败感。

有的股民在操作中完全不能自主，喜欢打听各种内幕消息或是听从周围朋友的意见，自己却没有丝毫的主见。还有的对自己丝毫没有信心，希望委托"专家"理财或与别人合作分成，这些人最终大多是"赔了夫人又折兵"。

这些人一开始急功近利，离不开"消息""高人"的"点拨"，计较于每天每时的得失，最后的结果反而一片茫然；相反，另外一些人在股市里心静如水，没想过能发大财，更没想过成为能掐会算的神仙，他们能做到的就是用心去倾听股市的点点滴滴，从中悟出股市的脉络，逆向思维操作，最终反而成了神仙。

在中国历史上，"禅学"被当作是一种博大精深的学问。佛道坐禅讲究个"静"字，首先要能坐得住，心要定，远离杂念，默默冥想，以此领悟佛理的光芒。坐禅很不易，要有清静寂定的心境，也就是禅心，当得道者授以机要秘诀之时，或顿悟，或渐悟，才可能触机生解。想得道者很多，但如果管不住自己，没有禅心，自然也没有悟性，那样的话怎么会从他人的言谈举止中获得启发，怎么会破解人生的一切困惑呢？

有一则流传很广的关于哲学的故事，说从前有一个老和尚带着徒弟乘帆船云游，帆在风中呼呼作响。船夫说帆在动，徒弟说不是帆在动而是风在动，老和尚却不以为然，他告诉徒弟："那是你的心在动。"

炒股与坐禅很相像，要做到心不浮，不好高骛远，脚踏实地；气不燥，不急、不慌，无限耐心，静静地、默默地去感受；看得远，不在意眼前的得失，不在意分毛的高低，不在意当下的涨跌，看未来的结果，以此布局股市；

善于听，就是能从各种声音中辨别出真意，知道哪些是谎言、哪些是骗局。

此外，如果散户像职业股民一样每天都花几小时来盯盘，那么付出的成本将是巨大的：不仅会把自己的心态搞乱，使得自己炒股盈利的难度变大，而且还可能会影响工作，进而耽误自己的升职、加薪，这样算来机会成本巨大，可谓是"捡了芝麻丢了西瓜"。有的股民甚至为了盯盘放弃了全职的工作，这样的股民往往会陷入股市短期波动的诱惑中，往往会"赔了夫人又折兵"。

因此，炒股要给自己营造一片清凉，这样才能身心疏朗；营造一片清静，消除一切杂音，才能不断地感悟和破解股市的密码。对于市场上的短线波动和各种传闻和消息则要尽量屏蔽和远离。这样我们才能给自己留守一份独立思考的空间。

第六章

未来中国经济的发展和价值投资

一、未来中国经济走势展望

按照全面建设社会主义现代化国家的战略安排，我国 2035 年远景目标和"十四五"时期经济社会发展部分主要目标如下：展望 2035 年，我国将基本实现社会主义现代化。经济实力、科技实力、综合国力将大幅跃升，经济总量和城乡居民人均收入将再迈上新的大台阶，关键核心技术实现重大突破，进入创新型国家前列。人均国内生产总值达到中等发达国家水平，中等收入群体显著扩大，基本公共服务实现均等化，城乡区域发展差距和居民生活水平差距显著缩小。人民生活更加美好，人的全面发展、全体人民共同富裕取得更为明显的实质性进展。

根据 2035 年远景目标和"十四五"规划，未来我国经济的发展前景肯定是非常美好的。那么，要达到 2035 年远景目标和"十四五"规划的既定目标，未来我国经济的发展目标是怎样的呢？

我们使用长期增长率模型计算了未来中国潜在产出增长路径，根据这条增长路径，使用联合国人口预测，并假设每年 GDP 平均指数为 2%，不考虑汇率变动，则 2035 年中国人均 GDP 将达到 27500 美元，如果考虑未来人民币升值趋势——保守估计升值 10%（即升值到 6.2），那么 2035 年中国人均 GDP 将达到 30250 美元。未来中国经济的增长路径是怎样的？根据我们的计算，未来 3 个关键年份的增长率分别为：2025 年之前 5% 以上，2030 年 4.1%

以上，2035 年 3.6% 以上。

就未来 15 年来说，经济增长的合理区间是实现 GDP 总量和人均水平翻一番，在"十四五"末达到现行的高收入国家标准，才能做到在 2035 年达到中等发达国家水平，同时要求在 2030 年前后，中国经济总量超过美国，成为世界第一大经济体。笔者认为，上述经济增长目标是可以实现的，未来我国经济发展的前景是美好的。

二、价值投资永不过时

时常有人提出，价值投资那一套早就过时了，早就在中国玩不转了。而我们认为，价值投资永不过时，在我们的市场中也非常适用。

首先，我们应该先搞清楚这东西到底是什么。我们举以下几个例子：

价值投资之父本杰明·格雷厄姆在著作《聪明的投资者》中批评了股市中常常出现的一个根本性错误：把股票和生意当作是两回事。他指出，流行极广的"趋势投资"原则，即某只股票或行情已经上扬，所以应该买进，某只股票或行情已经下跌，所以应该卖出，这个原则完全违反了"健全的商业常识"，也就是说，在日常经验中，一般商品跌价了，我们得赶紧买进才是。每个人都信奉"低买高卖"的赚钱法则，但具体实施的时候往往成了"高买低卖"，这种现象很奇怪。

例如，从价值投资者与投机者所购买的股票来看，也有很大的区别。一般而言，价值投资者较为保守，喜欢购买"白马股"，并中长期持有；而投机者则喜欢购买"黑马股"，而且喜欢短线交易。

业绩优良的股票一般在市场中被称为"白马股"，是指其有关的信息已经公开的股票，由于业绩较为明朗，同时又兼有业绩优良、低风险的特点，例如贵州茅台、云南白药、伊利股份等股票。这些"白马股"和所谓的"黑马股"是有很大的区别的。"黑马"起初并不是股市中的术语，它是指在赛马场上本来不被看好的马匹，却能在比赛中让绝大多数人跌破眼镜，成为出乎意料的获胜者。而所谓的"黑马股"则是指投资者本来不看好，却能够异军突起的个股，这些股往往是业绩较差，但是题材故事比较多，容易成为短期市场上主力资金炒作的热点股票。从走势上看，很多"黑马股"由于题材故事比较多，因此它们的价格可能会脱离过去的价位而在短期内大幅上涨，甚至有可能会在短期内连续拉几个涨停板，上演"乌鸦变凤凰"的故事；而"白马股"走势比较稳健，它们的业绩非常良好，净利率一般每年都会同比去年增长30%左右，每股的市盈率也往往在40倍以下。

尽管业绩优良的"白马股"在市场上涨时上涨的速度往往比"黑马股"慢一些，但是在市场杀跌时，它们下跌的幅度往往更小，也就是说，遭遇系统性的风险将会更低一些。和"黑马股"有关信息尚未披露、业绩题材等具有一定隐蔽性、尚未被市场发掘、有相当大的上升机会等特点相比，"白马股"的业绩题材等相关信息明朗，为市场所共知，市场表现大多为持久的慢牛攀升行情。

那么究竟是"白马股"好还是"黑马股"好呢？这个问题在不同投资风格的人眼中有不同的答案，但笔者更偏好于"白马股"。如果我们把股票比喻成一名战士，那么"黑马股"就像是非常激进的战士，在市场上涨的行情中上涨的速度比较快，但在下跌的行情中下跌的速度也快；但是"白马股"更像是一个全能的战士，在上涨的行情中上涨的速度尽管慢一些，但是由于它的防御能力比较强，因此它在下跌的行情中下跌的速度比较慢，跌幅相对小。而且由于"白马股"业绩往往会每年持续增加，它们

第六章 未来中国经济的发展和价值投资 / 173

的股价在下跌后也会往往重整升势，在不久的将来又会再次创出新高。但是"黑马股"能否再创历史新高就不一定了，有的股票在被主力资金疯狂炒作后，由于公司业绩一直没有起色，很多股票在多年之后仍然不能返回当年的历史高点。

下面我们举一个例子，就可以知道业绩优良的"白马股"的长期走势了。同仁堂是中药行业著名的老字号，创建于1669年(清康熙八年)，目前公司在A股和H股两地上市。公司以制造、加工、销售中成药为主业，目前，已形成位于大兴、亦庄、刘家窑、通州、昌平五个生产基地组成的生产制剂群，年产中成药约21个剂型、400余种，主要产品有牛黄清心丸、安宫牛黄丸、大活络丸、国公酒等中成药。

图6-1是同仁堂历年的年线走势。根据通达信软件的统计，从2004～2023年，同仁堂股票的涨幅已经将近114倍，而如果从1997年同仁堂上市开始计算，其涨幅已经无法统计！这就是长期持有优质白马股的魅力，也彰显出了复利的强大之处！所以，价值投资永不过时在我们的市场中也非常适用，而且长期持有优质白马股的利润非常高。

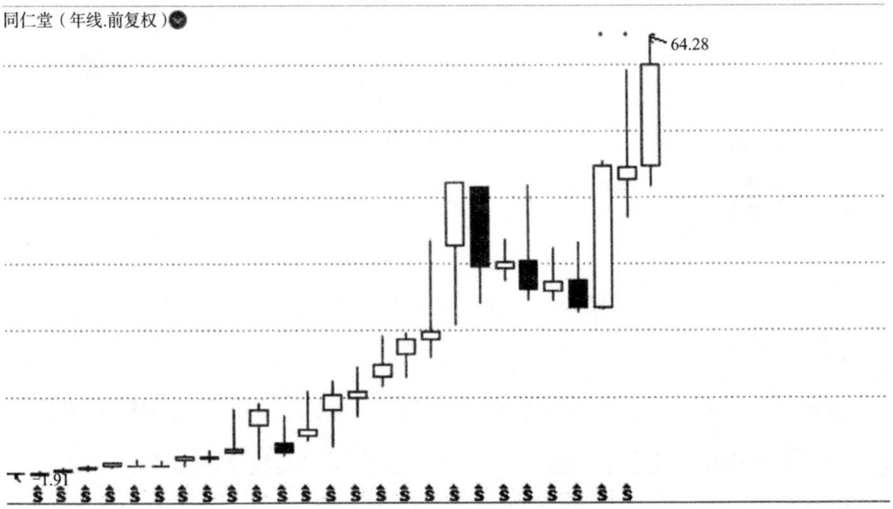

图6-1 同仁堂历年的年线走势

三、全面注册制下省心省力的价值投资

如果有投资者对购买单只股票不放心，既不想花功夫看盘，又想获取收益，那么怎么办？那么，指数基金可以让您进行省心省力的价值投资：其中，中国的指数基金重点关注消费 50 指数基金和沪深 300 指数基金；美国的的指数重点关注纳指 100 指数基金和标普 500 指数基金。

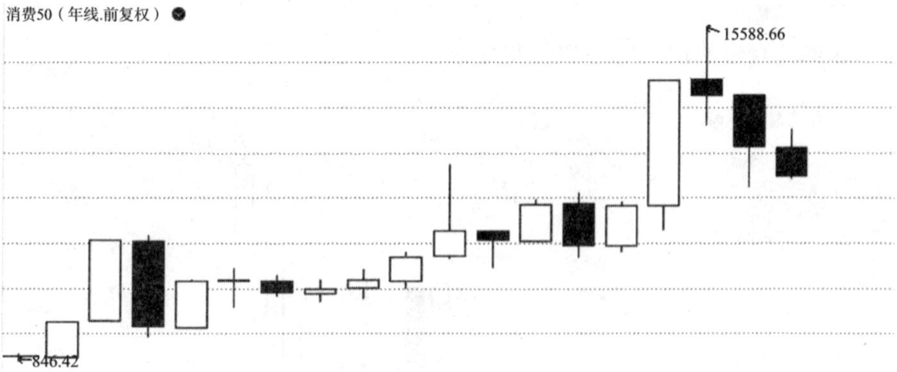

消费50（年线.前复权）●

15588.66

846.42

图6-2　消费50指数历年走势图

图 6-2 是消费 50 指数历年走势图，从图中可以看到，从 2006 ~ 2023 年，消费 50 指数涨幅达到了 8.3 倍，成为可以穿越周期的投资利器。

沃伦·巴菲特曾经多次指出："最好的投资是指数基金，如果你对股市不

了解，那就买成本低的指数基金！"对于中国股市的投资，巴菲特也给出了锦囊妙计："中国经济持续蓬勃发展，如果他们只是在代表中国经济一部分的20只股票中投入适量的钱，或者直接买入代表中国经济低成本的指数基金，持续做20年、30年甚至40年，就会获得非常好的财富。这完全好过他们总是要找大牛股或者不断地试图高点卖出、低点买进。这在美国和中国没有什么不同。"

除了沃伦·巴菲特之外，约翰·伯格也多次推荐低成本的指数基金，并且指出：在成熟的股票市场中，人们很难战胜市场，持有低成本的指数基金无疑是精明投资者的明智选择。

随着注册制的全面实施，普通投资者投资的难度也越来越大，长期持有低成本的指数基金，也会为您带来不菲的收益。更为关键的是，除了获取收益之外，持有低成本的指数基金还可以将您从费心费力的"盯盘"中解放出来，使您更加专注于工作或生活，从而可以提高生活的品质！